La izquierda traicionada

PENÍNSULA ATALAYA

Guillermo del Valle

La izquierda traicionada

Razones contra la resignación

Prólogo de Juan Francisco Martín Seco
Epílogo de Félix Ovejero

PENÍNSULA ATALAYA

Primera edición: noviembre de 2023

Ediciones Península,
Diagonal 662-664
08034 Barcelona
edicionespeninsula@planeta.es
www.edicionespeninsula.com

REALIZACIÓN PLANETA - fotocomposición
Depósito legal: B. 18.299-2023
ISBN: 978-84-1100-212-7

Al barrio obrero de Fontarrón y sus vecinos,
que tanto me enseñan en su lucha diaria por la dignidad.
A todos mis compañeros de la abogacía social, que ponen
su compromiso al servicio de los que no tienen nada.

A la librería Lagun de San Sebastián, doble ejemplo
de resistencia cívica y coraje democrático contra
la dictadura franquista y el terrorismo etarra,
dos lacras nacionalistas.

A mis compañeros de El Jacobino *y a mi familia:*
por tanto, por todo

Índice

Prólogo

Las dos traiciones de la izquierda

Cumplo con enorme satisfacción la tarea que me ha encomendado Guillermo del Valle de prologar su obra *La izquierda traicionada*. La coincidencia de pensamiento con *El Jacobino* me ha facilitado mucho el cometido, ya que solo he tenido que desempolvar libros y artículos para extraer de ellos las ideas y palabras escritas por mí anteriormente. Esto tiene una contrapartida, que el lector no encontrará nada nuevo que no haya dicho en otros momentos y me temo que tampoco nada distinto de lo que, de forma mejor y por supuesto más amplia, relata este libro. Bien es verdad que, dada la insistencia con la que se repite el relato contrario, no viene mal reiterar estas ideas una y otra vez.

Ya en la introducción, el autor hace referencia al título del libro, reconociendo que puede tomarse en cierta medida como una provocación. Para el discurso de lo políticamente correcto toda crítica es una provocación, pero no por eso se debe desistir de ella. En cualquier caso, pienso que quizás tendría que haberlo titulado *Las dos traiciones de la izquierda*, porque la obra no se limita a incidir sobre la última metamorfosis, la de identificarse con la pulsión identitaria en múltiples ámbitos y con el nacionalismo en el territorial. El libro parte de un punto anterior, que podíamos denominar «la primera traición», el paso de la socialdemocracia al socioliberalismo, el progresivo abandono del Estado social para retornar en buena medida al Estado liberal.

Guillermo del Valle se declara de izquierdas, de una izquierda que no está dispuesta a resignarse, tal como reza la segunda parte del título. Puesto que la obra trata de la involución —más bien de las involuciones de la izquierda—, no está de más que sigamos la historia desde su nacimiento. El término «izquierda política», lo mismo que el de «derecha política», aparece por primera vez en la Asamblea Nacional Constituyente surgida de la Revolución francesa. Los que querían mantener el poder absoluto del rey se situaron a la derecha del hemiciclo, mientras que quienes defendían la soberanía nacional por encima de la autoridad de la monarquía se colocaron a la siniestra.

En el origen, la izquierda se identifica con el liberalismo. Nace de la Ilustración, hunde sus raíces en aquellas corrientes de pensamiento que se oponen al Antiguo Régimen y defienden la mayoría de edad del hombre, liberándole en el orden intelectual, pero también en el plano ético y como miembro de una comunidad social. La conducta y las acciones humanas deben orientarse de acuerdo con la razón, y se asume una postura secular, dejando al margen cualquier dogma religioso.

Su traducción al campo social y político implicaba oponerse a toda teoría que situase el origen del poder en la tradición o en una decisión divina. La autoridad obedece solo a una necesidad social. El hombre es libre, pero su libertad termina donde comienza la libertad de los demás. Se precisa por tanto organizar la sociedad; en suma, el surgimiento del Estado. Sin Estado, la sociedad se rige por la ley de la selva. Pero ¿cómo tiene que ser ese Estado? ¿Cuál debería ser el punto de equilibrio para que, por una parte, se mantuviese el orden necesario y se garantizase la libertad de los ciudadanos y, por otra, que la autoridad no se ejerciese de tal manera que ahogase esa misma libertad?

Según Aranguren,[1] fueron dos las respuestas dadas: la primera, la de Montesquieu; la segunda, la de Rousseau. Montesquieu se preocupa ante todo de establecer mecanismos que limiten la actuación del poder. Trata de superar todo absolutismo. Con sentido realista, piensa que no se puede dejar la solución del problema al hecho de que las autoridades sean buenas y justas. Si lo son, mejor que mejor; pero, por si no es así, hay que establecer un sistema que obligue a que lo sean. Ahí se inserta la división de poderes y el establecimiento de leyes que obliguen por igual a todos los ciudadanos, comenzando por los que ejercen la autoridad. En esto consiste el Estado de derecho.

Rousseau no se preocupa tanto de la limitación como del origen del poder. Pretende que se pase de una concepción heterónoma a una autónoma, en la que sean los ciudadanos los que se den sus propias leyes. Cada hombre debe dejar de ser súbdito para convertirse en ciudadano. En suma, que el Estado, aparte de ser de derecho, sea democrático.

Corriendo el tiempo, según fueron cambiando las condiciones económicas, las enormes desigualdades surgidas de la Revolución Industrial y la gran acumulación de poder económico dejaban sin efectividad los mismos derechos ci-

1. José Luis L. Aranguren, «Ética y política», en *Obras escogidas*, Madrid, Plenitud, 1965, pp. 1077 y ss.

viles y políticos. El liberalismo económico desvirtuó los principios del liberalismo político. Marx supo ver que las desigualdades económicas no eran solo tales, sino que comportaban una distribución desigual del poder. Se traducían no ya en un debilitamiento, sino en una anulación de la democracia, instaurándose una especie de tiranía del dinero, tan grave como la de la monarquía absoluta.

El peligro de que las desigualdades económicas falseasen el juego democrático persistió aun cuando el sufragio universal se hizo realidad. Así lo vio Hermann Heller: «Sin homogeneidad social, la más radical igualdad formal se torna la más radical desigualdad, y la democracia formal, dictadura de la clase dominante». No es extraño, por tanto, que la izquierda pretendiese trascender el Estado liberal burgués con una nueva concepción en la que el propio Estado saliese de su torre de cristal e interviniese activamente en el juego económico para reequilibrar la distribución de la riqueza y de la renta. Si el Estado quiere ser verdaderamente un Estado de derecho y democrático, no tiene más remedio que ser también social, renegar del *laissez faire* e intervenir en el ámbito económico. Primero, para garantizar los derechos sociales y económicos. Segundo, para establecer un contrapeso al poder económico. Alguien tan poco sospechoso de veleidades marxistas como Karl R. Popper reconocía, en el capítulo XVII de *La sociedad abierta y sus enemigos*, que «la libertad económica ilimitada podía resultar tan injusta como la libertad física ilimitada, pudiendo llegar a ser el poderío económico casi tan peligroso como la violencia física...».

El Estado social es la continuación y la culminación de los otros dos atributos del Estado, democrático y de derecho. Estas facetas se complementan. Cada una de ellas exige e implica las otras dos, porque no son estables sin la existencia de las dos restantes. La eliminación de uno cualquiera de estos términos adulterará los otros hasta corromperlos. Los derechos civiles y políticos, sin una participación activa de los ciudadanos en los asuntos públicos, se convierten, en el mejor de los casos, en despotismo ilustrado. La democracia formal, sin unas dosis mínimas de igualdad y de control democrático del poder económico, deviene en dictadura de la clase dominante. El socialismo, sin democracia ni libertad, termina en tiranía de la burocracia y de los aparatos políticos.

Este Estado social, democrático y de derecho pasó a integrarse en los programas de las fuerzas políticas de la izquierda, y constituyó, concretamente, el núcleo de la teoría socialdemócrata. Las sociedades occidentales fueron configurándose como economías mixtas, en las que, si bien se admitían la libertad de empresa y la propiedad privada de los medios de producción, no se les concedía a estas un carácter absoluto y se colocaba como contrapartida un sector público fuerte que pudiera hacer de contrapeso y limitara el poder económico.

Es esta concepción de la organización política la que, según el autor, ha sido traicionada en sus diversas vertientes. Tal como afirma en el libro, el fundamentalismo de mercado y el identitarismo se complementan y agreden al unísono a la comunidad política. A partir de mediados de los setenta, con el neoliberalismo económico, los anteriores principios —aceptados en las Constituciones y asumidos incluso por partidos liberales y conservadores— están totalmente en cuestión y en retroceso.

Esa regresión, como no podía ser de otro modo, tiene principalmente un origen político, ideológico. Obedece a la apreciación surgida en las clases altas y en los grupos sociales privilegiados de que en los países desarrollados se había ido demasiado lejos en el proceso de igualdad y democratización. Sin duda, otras variables —tales como la caída del muro de Berlín, la falta de percepción del comunismo como peligro real, la desaparición del riesgo a la revolución social, el debilitamiento de los sindicatos como fuerza de contestación social, etc.— facilitaron la toma de tal decisión, pero lo cierto es que en el origen de esta involución se encuentra una auténtica insurrección. El poder económico se subleva contra el poder político y el poder político abdica de sus competencias y funciones, y las transfiere al poder económico.

Esa revolución va unida a los nombres de Ronald Reagan y Margaret Thatcher. No tiene nada de extraño que se manifestase principalmente en el ámbito impositivo, puesto que fueron los sistemas fiscales los que habían ido más lejos en el ámbito redistributivo. Guillermo del Valle cita en la obra la frase pronunciada por la primera ministra británica en 1987: «¿Qué es la sociedad? La sociedad no existe, solo los individuos», añadiendo a continuación que no eran palabras hilvanadas por casualidad, sino que respondían a un proyecto de ingeniería social, orientado hacia la descomposición de la idea de bien común y al desmantelamiento del Estado social. A su vez, durante el mandato de Reagan se vulgarizó la tan cacareada curva de Laffer, que, a pesar de que, desde el principio, Stockman[2] demostrase la falsedad

2. David A. Stockman, *El triunfo de la política*, Barcelona, Grijalbo, 1986.

de sus conclusiones, ha servido a partir de entonces de argumento a todos aquellos que aborrecen la progresividad fiscal.

Desde 1971, fecha en la que Estados Unidos acepta la libre circulación de capitales, esta se va imponiendo en todos los países, pero con ella también el imperio del dinero frente a los órganos democráticos. La desregulación de la economía y la eliminación de todo tipo de reglas, de manera que el capital funcione internacionalmente con total libertad, trasladan el verdadero poder más allá de las fronteras nacionales, a ámbitos carentes de cualquier responsabilidad política y democrática. En 1996, en Davos, en el Foro Económico Mundial, Hans Tietmeyer, gobernador entonces del todopoderoso Bundesbank, proclamó: «Hay que acostumbrarse a que los mercados sean los gendarmes de los poderes políticos». Pero ¿dónde queda entonces la soberanía popular?

La nueva situación se agrava desde el momento en que los partidos socialdemócratas terminan asumiendo los principios del neoliberalismo económico y plegándose al nuevo *statu quo*. Se produce el fenómeno inverso que con el Estado social. Entonces los conservadores acabaron aceptándolo y copiando en buena medida los presupuestos socialistas; hoy son los socialdemócratas los que han girado hacia los dogmas neoliberales. He ahí donde se sitúa la primera traición de la izquierda que describe la obra de Guillermo del Valle, y cuya expresión más clara quizás sea la tercera vía de Schröder y Blair.

En el manifiesto firmado en 1999 por Gerhard Schröder y Tony Blair es difícil encontrar el menor vestigio de una ideología socialista y, por el contrario, se hallan enunciados casi todos los elementos del neoliberalismo económico, si bien es verdad que edulcorados con buenas intenciones, que, por cierto, resultan inútiles e inviables tan pronto como se asumen determinadas hipótesis y axiomas. Querer conjugar valores socialistas con una política y un discurso económico neoliberal es lo mismo que intentar hacer un círculo cuadrado.

El contagio de una parte importante de la socialdemocracia por el neoliberalismo económico había comenzado con anterioridad. El felipismo en España, por ejemplo, fue pionero en esta asimilación, y pocas cosas pueden encontrarse en esa tercera vía que no hubiesen sido ya asumidas por aquel. Guillermo del Valle a lo largo de buena parte del libro va describiendo cómo esta involución se ha plasmado en España, desde la estructura productiva, con la frase de Carlos Solchaga de que la mejor política industrial es la que no existe, hasta el sistema fiscal con la idea de que bajar impuestos es de izquierdas, pasando por la progresiva desregulación del mercado laboral.

Con motivo de la celebración de los 140 años de vida del Partido Socialdemócrata de Alemania (SPD), el canciller Schröder escribió una Tribuna Libre en el diario *El Mundo* titulada «El Estado del bienestar reta a la izquierda europea». Schröder mantenía tajantemente que la globalización no es una alternativa, sino una realidad. La globalización entendida como un conjunto de fenómenos sociales unidos a avances técnicos y científicos, tales como la digitalización y el desarrollo de las comunicaciones, sí es un hecho, una realidad, pero cuando en economía se identifica con el libre comercio y con la libertad absoluta de circulación de capitales no es en absoluto una realidad fáctica inalterable, sino más bien una opción, una alternativa ideológica. La libre circulación de capitales dificulta gravemente una política fiscal progresiva. El libre cambio en aras de la competitividad tiende a homogeneizar los mercados de trabajo al nivel que rige en los países cuyos salarios son menores y que cuentan con las peores condiciones laborales.

Los mecanismos trazados con la globalización convergen en la llamada Unión Europea. Puesto que los mercados —tanto los de mercancías como de capitales— son supranacionales, mientras los aspectos políticos quedan confinados en los Estados nacionales. A lo largo de todos estos años, los distintos tratados han ido configurando un espacio mercantil y financiero único, sin que apenas hayan existido avances en la unidad social, laboral, fiscal y política. El proceso ha llegado al *summum* con la unión monetaria, en la que los gobiernos nacionales casi pierden totalmente el control sobre la economía.

El autor del libro se pregunta, y con razón, cómo es que todos los partidos de izquierdas en España han terminado dando por buena la moneda única, prescindiendo de todo cuestionamiento. Sus defectos y limitaciones han desaparecido de sus planteamientos. Es más, cierran los ojos y piensan que dentro de ella se pueden aplicar las mismas medidas que si los Estados mantuviesen su soberanía monetaria.

Con la globalización y la unión monetaria, la teoría socialdemócrata ha desaparecido. Frente a su crisis, la izquierda ha ido adaptándose a las nuevas circunstancias. Ha trasladado la mayoría de sus preocupaciones desde la cuestión social y de la diferencia de clases a otros temas tales como el feminismo, la ecología o la defensa de ciertas minorías como los homosexuales o los transexuales, e incluso sobre el bienestar animal. En el extremo, la defensa del nacionalismo.

Aquí comienza, quizás, la segunda traición de la izquierda, a la que Guillermo del Valle hace referencia en el libro. Todas esas luchas pueden ser perfectamente legítimas, pero desde luego no son privativas de la izquierda. Es más, pueden ir en contra de los principios que deben informar la doctrina de esa misma izquierda cuando se llevan tan al extremo que los derechos defendidos de ciertos grupos específicos parecen más bien privilegios y se atacan y se violan los derechos de la totalidad de los ciudadanos.

Nace un nuevo fundamentalismo referente a determinadas materias, que pretende reescribir la historia y la cultura. Pueden no librarse de su anatema ni las tragedias griegas, ni las más sublimes óperas, ni las más excelsas pinturas, ni esos monumentos extraordinarios y sorprendentes —casi todos se hicieron con un tipo u otro de esclavismo—, ni siquiera los personajes históricos más relevantes. La acusación de racistas, antifeministas, homófobos, etc., revolotearían sobre todos ellos.

La entidad del fenómeno se agrava porque surge en aquellas sociedades que se consideran herederas de la Ilustración. Es un discurso sin duda reaccionario, pero paradójicamente no proviene de las esferas más conservadoras de la sociedad que pretendiesen retornar al Antiguo Régimen, no nace de los nostálgicos del absolutismo y del dogma, sino de un pseudoprogresismo que, habiendo renunciado a su propio discurso en materia social y económica, lo sustituye por una especie de mistura de feminismo, ecologismo, defensa de minorías raciales o de grupos como el LGTBIQ+, etc. Todas ellas batallas muy respetables, pero que se convierten en nocivas al transformarse en un cuerpo doctrinal, en un nuevo catecismo de fe, en el que no cabe el desacuerdo o la objeción, en el que no es posible ni siquiera la duda.

Ante esa nueva ortodoxia, hay que reivindicar por fuerza la libertad de pensamiento, la libertad de expresión y el derecho de los ciudadanos a mantener las tesis contrarias. Se podrá afirmar que estas son equivocadas, que son erróneas, pero para demostrarlo deben emplearse argumentos. No valen las descalificaciones, y mucho menos las prohibiciones ni las condenas *a priori*. Bajo ningún concepto se puede retornar a macartismos ni a establecer sistemas represores de todo lo que se considera que se sale del discurso oficial. Si no fuese por su fundamentalismo, gran parte de este discurso provocaría simplemente hilaridad. Muchos de sus juicios y aseveraciones se precipitan en lo ridículo, causan risa. ¿Cómo no encontrar chuscos los destrozos que pretenden hacer a menudo en el idioma con eso que llaman lenguaje inclusivo?

Mal síntoma, en este sentido, que dentro del bloque que apoya al Gobierno el fundamentalismo haya llegado tan lejos que un grupo feminista haya llamado homófobo a otro por el simple hecho de no defender la doctrina *queer*. Mal síntoma también lo que ocurrió cuando el grupo parlamentario socialista, mediante una proposición no de ley, instó al Gobierno —a su propio Gobierno— a tomar medidas contra el negacionismo de la violencia de género. Medidas, ¿de qué tipo?, ¿represivas?, ¿penales?

La globalización, el proyecto de Unión Europea y más concretamente el de la unión monetaria, tal como se han construido, amenazan el Estado social. La dictadura de lo políticamente correcto puede terminar poniendo en cuestión el

Estado democrático y de derecho. Así lo ve Guillermo del Valle en el libro y dedica gran parte de él a analizar los excesos de las pulsiones identitarias en todos estos campos. Asimismo, se detiene en analizar la problemática de la emigración en los países occidentales criticando y rechazando los planteamientos y las soluciones simplistas del fenómeno.

Las migraciones no son un problema de fácil solución ni admiten posturas simples y demagógicas. Por supuesto, una vez más, la Unión Europea es incapaz de dar una respuesta coordinada. No obstante, hay que reconocer que la inmigración es un terreno especialmente complejo, donde confluyen las contradicciones del sistema capitalista y del Estado social, porque si realmente el Estado quiere ser social y garantizar el bienestar de sus ciudadanos no tiene más remedio que poner límites a la solidaridad con los extranjeros.

Hoy, en toda Europa, el tema de la inmigración está retando a los políticos y poniendo en aprietos, en especial, a los partidos de izquierdas, que ven cómo sus votantes se desplazan paradójicamente a formaciones a las que se califica de populistas o de ultraderecha, pero que han sabido entender y manejar el miedo al fenómeno migratorio de una amplia capa de la población, la de aquellos que pueden sufrir sus consecuencias por encontrarse en situaciones más precarias. Frente a ello, no vale esgrimir descalificaciones morales y negar el problema. La oposición de intereses existe. Todos los ciudadanos no se encuentran en la misma situación. Hay una gran parte a los que la inmigración no les genera ninguna incomodidad, y pueden adoptar sin coste alguno posturas humanitarias y magnánimas. Incluso, en ocasiones, el balance puede ser positivo, por ejemplo, muchos empresarios pueden encontrar en la llegada de inmigrantes una fuerza de trabajo barata que, como ejército de reserva, rebaje los salarios y empeore las condiciones laborales. Una alternativa a la deslocalización empresarial.

Cosa bien distinta ocurre para los que habitan en barrios más populares, en los que mayoritariamente se asientan los inmigrantes. Por más generosos que sean, es posible que vean con recelo cómo muchos extranjeros, al tener condiciones económicas más precarias que las suyas, acaparan las plazas en las guarderías y en los colegios públicos. Se sentirán también desplazados en las becas y en los servicios sociales. Muchos de los que se encuentran en paro no podrán por menos que pensar que los inmigrantes son los causantes, en cierta medida, de que no encuentren empleo. Otros, aun cuando posean un puesto de trabajo, especularán tal vez acerca de que su salario y sus condiciones laborales son bastante peores, dado que los inmigrantes han hecho posible la precarización del mercado laboral.

Todo ello es real y entra dentro de lo «humano, demasiado humano», y no vale negar los hechos con argumentos falaces. Por supuesto que todo sería más claro si no hubiese paro. Es más, la inmigración podría ser una solución para el tan cacareado déficit demográfico, pero con tres millones y medio de desempleados todos estos argumentos hacen agua.

La literatura universal ha recogido con frecuencia los dilemas éticos que se plantean, que no son nada fáciles de resolver. Ya a finales del siglo XIX, Émile Zola, en una de sus mejores novelas, *Germinal*, recoge el conflicto que se establece entre los mineros de Montsou, quienes, ante la vida de miseria y explotación a la que se ven sometidos, se han puesto en huelga, y los trabajadores belgas, cuya pobreza será seguramente mayor, ya que están en paro, y que la dirección de la mina trae a Francia para ocupar el puesto de los huelguistas. Es evidente que del final de la novela se deduce que los únicos beneficiados de esta importación de mano de obra son los dueños de las minas.

Pero, sin duda, donde se produce la mayor distorsión del pensamiento de la izquierda —y así lo recoge el libro— es con el nacionalismo. En nuestro país, la crítica radical a toda autoridad y la desconfianza hacia el Estado condujeron a una parte muy importante de la izquierda a inclinarse por el federalismo; en versiones más extremas, por el cantonalismo, e incluso por posiciones casi comunales. El juego político, basado en la alternancia de partidos burgueses y en el caciquismo, marginaba a los movimientos populares y a la izquierda. No es extraño, por tanto, que parte de esta —en algunos sitios como Cataluña, casi en su totalidad— se recluyese en el sindicalismo y en el anarquismo adoptando actitudes apolíticas, y considerando que cuanto más dividido estuviese el poder político, mejor. Esta desconfianza ante el Estado se vio mantenida e incluso acrecentada durante la dictadura. El Estado era franquista y opresor, opresor no solo de las libertades individuales, sino también de las de los pueblos. La lucha, la resistencia, eran en primer lugar frente al poder político, frente al Estado.

Tales recelos pueden tener su razón de ser ante un Estado liberal y, por supuesto, ante regímenes dictatoriales, pero carecen de todo sentido cuando se trata de un Estado social y democrático de derecho. A una parte de nuestra izquierda le cuesta comprender que el único contrapeso posible al poder económico y a las desigualdades que derivan del mercado se encuentra en el Estado. Cuanto más reducido, más difícil será que cumpla dichas funciones y mitigue las desigualdades del mercado. En la actualidad, se produce un proceso asimétrico con direcciones contrapuestas: mientras se pretende la internacionalización de la economía, se busca que la soberanía política quede confinada en contornos progresivamente más estrechos.

El Estado de las autonomías en España marca esta tendencia, en especial cuando la transferencia de competencias parece no tener fin. La izquierda española cae en tal contradicción cuando defiende el aumento de la tendencia centrífuga de las comunidades. Guillermo del Valle analiza extensamente en el libro los factores regresivos que se están produciendo en esta dinámica y los daños que, para la igualdad, se pueden originar al forzar la divergencia entre los territorios.

Cuando en Estados teóricamente avanzados, como Italia o España, el nacionalismo surge en las regiones ricas, enarbolando la bandera de la insolidaridad frente a las más atrasadas, la izquierda difícilmente puede emparejarse con el nacionalismo sin traicionar sus principios. En este ámbito, izquierda y nacionalismo son conceptos excluyentes. ¿Cómo mantener que la Italia del norte, rica y próspera, es explotada por la del sur, que posee un grado de desarrollo económico bastante menor? ¿Cómo sostener que regiones tales como Extremadura, Andalucía o Castilla-La Mancha oprimen a otras como Cataluña, el País Vasco o Navarra? ¿Puede la izquierda dar cobertura al victimismo de los ricos? ¿No resulta contradictorio escuchar a una fuerza que pretende ser progresista quejarse del déficit fiscal de Cataluña?

Cuando Podemos o Izquierda Unida defienden la libertad de decidir de los catalanes, no son conscientes de la contradicción en la que están incurriendo. La independencia de Cataluña no solo afectaría a esta región, sino a toda España. El derecho de un grupo de catalanes, aunque fuese mayoritario —ahora no lo son—, chocaría con el derecho de otros catalanes e incluso con el derecho del resto de los españoles.

Tanto Izquierda Unida como Podemos deberían preguntarse quién es el sujeto de ese derecho a decidir que se invoca. Según la Constitución de 1978 —la que fue votada por una inmensa mayoría de catalanes—, el pueblo español en su conjunto. Pero es que, además, cualquier otra respuesta nos introduce en un laberinto de difícil salida. ¿La comunidad autónoma de Cataluña, definida curiosamente de acuerdo con la Constitución del 78, formada por cuatro provincias, con los límites que estableció el ordenamiento jurídico en 1833? ¿Y por qué no todos los «países catalanes» o el antiguo reino de Aragón, con lo que seguramente el resultado sería muy distinto? ¿O cada provincia tomada individualmente? ¿Qué ocurriría si la mayoría en Barcelona y Tarragona se pronunciase en contra de la escisión, aunque la mayoría de la comunidad se mostrase a favor?, ¿se independizarían tan solo Lérida y Gerona? ¿Y qué sería de los municipios que se pronunciasen en contra de lo decidido por sus correspondientes provincias?

El libro contiene un subtítulo que reza «Razones contra la resignación», y a este cometido se han dedicado principalmente las conclusiones. Guillermo del Valle quiere dejar claro que su proyecto «jacobino» tiene una vocación militante, y que no está dispuesto ni al conformismo ni a la pasividad. El autor mantiene también que el protagonismo en la defensa de los cambios sociales no tiene por qué estar reservado a los colectivos hegemónicos.

Si es verdad que el triunfo de estas transformaciones depende de la correlación de fuerzas, no es menos cierto que en el inicio se encuentra siempre una minoría. Y es más, añadiría yo que la impaciencia muchas veces hace que las minorías se disuelvan en las mayorías, de manera que el cambio se produciría en el sentido contrario. En buena medida es lo que le ha ocurrido en los últimos años a la izquierda española y una de las razones de que se haya ocasionado su metamorfosis. Su precipitación para llegar al poder ha hecho que haya abrazado unas doctrinas totalmente peregrinas y otras contradictorias con la izquierda, como las identitarias y las nacionalistas. Por eso creo que los miembros de *El Jacobino* no han perdido nada por el hecho de que fuese ignorada su solicitud pública de mantener una reunión política con Sumar. Lo único que quizás hubiesen conseguido habría sido diluirse en una fuerza política que posee un discurso radicalmente contrario al suyo, al menos en su concepción del Estado y del nacionalismo.

Hay muchas formas de no conformarse. El no presentarse a la contienda electoral no significa adoptar una postura pasiva y abstencionista. Los cambios sociales han comenzado siempre por las ideas. El autor, al final de la obra, cita esos versos espléndidos de Gabriel Celaya: «La poesía es un arma cargada de futuro». Quiero incidir en que, según Celaya, es precisamente en la poesía, en la palabra, donde se sitúa la fuerza capaz de producir el cambio. En apoyo de esa misma idea me atrevería a añadir otros versos, los de Blas de Otero, no menos exactos: «Si he perdido la vida, el tiempo, todo lo que tiré como un anillo al agua. Si he perdido la voz en la maleza, me queda la palabra».

JUAN FRANCISCO MARTÍN SECO

Introducción

La traición a los principios clásicos de la izquierda

Si uno observa la actualidad política y electoral de nuestro país, podría sospechar que a la izquierda en España no le van del todo mal las cosas. Es frecuente la especulación sobre nuevos pactos para conformar «coaliciones progresistas», como el que se produjo en la legislatura 2019-2023 entre el PSOE y UP, con el apoyo parlamentario de todo tipo de fuerzas nacionalistas y secesionistas. Sin embargo, bien haríamos en no dejarnos llevar por las apariencias cuantitativas ni por los espejismos. Uno de los más extendidos es el que apunta a que la izquierda debe tener como programa evitar que gobierne la derecha —o la derecha y la extrema derecha de perímetro nacional; con otras derechas y extremas derechas, las nacionalistas periféricas como Junts o el PNV, los recelos se transforman con frecuencia en complicidad—. Ese programa por oposición ni siquiera se plantea con consistencia porque, en la práctica, nuestra izquierda oficial ha aceptado ideas claramente contrarias a los valores de igualdad, libertad y fraternidad que le han acompañado desde sus orígenes. ¿Qué ha ocurrido entonces? ¿Los principios de antaño ya no tienen vigencia hoy? ¿O tal vez es que muchos de quienes se denominan de izquierdas han abandonado la defensa de dichos principios?

Si somos honestos, tendríamos que aceptar que el marco confederal en que se encuentra inmersa la izquierda oficial para conformar alianzas no es precisamente cómodo para esos principios originales de izquierdas. No se entiende bien que se celebre la dependencia, una vez más, de un sinfín de partidos políticos abiertamente reaccionarios, enemigos declarados de la igualdad y la solidaridad. Hagamos el inventario de las exigencias cotidianas: blindaje de la capacidad normativa de las comunidades autónomas sobre el impuesto de patrimonio o grandes fortunas, sucesiones y donaciones, además del IRPF, autopista idónea para la competencia fiscal más insolidaria. O la transferencia de la seguridad social al País Vasco, rompiendo la caja única, como reclamaba recientemente el PNV, asediado por EH Bildu en la competición por tensar la cuerda del privilegio. Por no hablar de la sanidad y la educación completamente asimétricas en el Estado, antesala de políticas privatizadoras y garantía de desigualdad generalizada; o la proliferación de barreras lingüísticas que impiden el movimiento de los trabajadores dentro del Estado y el acceso igualitario a la función pública sin privilegios en función de las comunidades autónomas de turno, despreciando el poder igualador en derechos de la lengua común. También están las normas autonómicas de vivienda dispares, que imposibilitan la implementación de una política común que aborde la clamorosa ausencia de un parque de vivienda pública en alquiler que España necesita de forma acuciante, ante las irrisorias cifras actuales, resultado de tantos años de desmantelamiento y negocio a favor de los fondos de inversión, mientras que los socios nacionalistas presentan recursos de inconstitucionalidad frente a la ley estatal de vivienda por invadir su marco competencial también en esta materia. Por último, la incapacidad para la mínima armonización de políticas sociales como las rentas mínimas de inserción autonómicas, tras el disfuncional y asimétrico ingreso mínimo vital. ¿Izquierda?

Si me permiten mirar un poco más allá, avecinando algunos de los asuntos que se abordarán en este libro: ¿de verdad alguien piensa que la mejor manera de garantizar políticas públicas en favor de las clases trabajadores precarias y depauperadas es la fragmentación confederal del territorio político? ¿Cómo abordaremos las políticas prometidas con quienes pretenden levantar una frontera veinte kilómetros al sur de la nación identitaria con la que fantasean? ¿Qué herencia o renta básica universal es aquella que se implementa en una comunidad autónoma pero se bloquea un par de códigos postales más allá? ¿Qué redistribución puede acometerse con los que quieren, desde el punto primero de su programa político, hacer saltar por los aires el Estado? ¿Cómo afrontaremos los estragos de la «uberización» del mercado de trabajo con aquellos que consideran prioritario el ámbito de decisión laboral vasco o catalán —sálvese quien pueda—, a la recuperación de las indemnizaciones de despido improcedente o de salarios de tramitación iguales para un catalán, un extremeño o un andaluz? ¿Qué política medioambiental podremos realizar si seguimos ahondando en la fractura confederal del territorio político, aunque se vayan ocultando las consecuencias y optando por tirar hacia delante como sea, hasta que la situación termine por explotar? ¿Cómo se enfrentarán los retos de la inteligencia artificial y se procurará una regulación supranacional desde Estados cada vez más centrifugados, en los que la gobernanza depende siempre de aquellos que anteponen lo propio a lo común? ¿Qué integración fiscal europea se puede propugnar con los que ven con buenos ojos la conformación de pequeños paraísos fiscales dentro de la propia España?

Tal vez es que los conceptos políticos andan algo extraviados y el debate público bastante enrarecido en los tiempos que corren. Por supuesto que cuando hablamos de izquierda y derecha hay que escapar del dogmatismo sobre esos conceptos, asumiendo que no responden a un significado unívoco ni completamente cerrado. Hay izquierdas, por ejemplo, y muchas de ellas se encuentran, de hecho, en conflicto y disputa. Este libro pretender ser, modestamente, una contribución a ese debate. Valga, por tanto, la advertencia previa: es un libro escrito desde la izquierda o, para ser más exactos, desde una izquierda de vocación igualitaria y universalista. Y, al mismo tiempo, es un libro de crítica a la izquierda reaccionaria y su traición a los principios de la izquierda clásica: los de libertad, igualdad, fraternidad, unidad e indivisibilidad de la República, que conforman el lema completo, y tantas veces olvidado, de la Revolución francesa.

Muchas de las necesidades sociales y políticas que justificaron la aparición de la voz «izquierda» están, quizás hoy, más presentes que nunca. Esas necesidades quedan recogidas en la fórmula clásica de la búsqueda de una sociedad sin privilegios, frente a la tiranía de los orígenes, esto es, una sociedad en la que los seres humanos no vivan sometidos a ninguna opresión o violencia, sino que puedan ser verdadera e igualmente libres. Pues bien, esa razón de ser contrasta con ideas y prácticas políticas que, en nombre de la izquierda, se han desarrollado en los últimos tiempos, alejándose tanto de los principios originales que han terminado resultando antagónicas y difícilmente conciliables con el ideario ilustrado.

En este libro se plantean dos grandes grupos de críticas a las izquierdas hegemónicas: el primero engloba las causas socioeconómicas, y el segundo analiza las que atañen a las derivas identitarias y, especialmente en el caso español, las nacionalistas. Curiosamente, las críticas que se suelen hacer de la deriva reaccionaria de la izquierda no abarcan a la vez el flanco económico y el identitario. Hay quien considera que la izquierda se ha radicalizado, mientras pone el foco en las identidades culturales y en la diversidad. Así, con frecuencia, se suele recriminar a la izquierda haberse convertido en una presunta extrema izquierda. Muchos críticos con el identitarismo suelen apelar a la vuelta a unos ejes cívicos y democráticos, que serían en definitiva síntomas de moderación: la vuelta de la izquierda al centro.

Reconozco que mi tesis es muy diferente: costándome identificar qué es el centro, más allá de una posición brumosa pretendidamente equidistante entre dos extremos, creo que la crítica al identitarismo de las izquierdas no debe hacerse con un afán de moderación, sino, en primer lugar, con afán de verdad y, al mismo tiempo, con un respeto escrupuloso por el hoy olvidado principio de igualdad. Es precisamente por eso por lo que este libro no empieza criticando las derivas de la diversidad y su evolución hacia el blindaje de los privilegios, sino que aborda, primero de todo, el abandono por buena parte de los partidos de izquierdas de los ejes materiales y de la vocación transformadora respecto a las estructuras sociales y económicas del presente.

No es, desde luego, a lo que nos tiene acostumbrado el debate público. Si uno se atreve a enfilar contra la deriva identitaria de las izquierdas oficiales —su complicidad con las identidades religiosas y culturales, su abandono del laicismo y del universalismo, el abrazo al particularismo o la complicidad vergonzante con los nacionalismos más reaccionarios— parece que debe hacerlo desde posiciones «centristas», tan tibias en materia social y económica, que casi resulten indistinguibles de las de la derecha. A lo sumo, se aceptaría un socioliberalismo completamente asumible por la ortodoxia económica. Eso le ha ocurrido a la socialdemocracia en las últimas décadas.

A juicio de quien escribe, se puede y debe criticar también la configuración fiscal y socialmente desequilibrada de la Unión Europea y sus excesos neoliberales, las dinámicas de financiarización de la economía, la creciente brecha entre rentas del trabajo y del capital o las preocupantes dinámicas que tienden a concentrar el capital en pocas manos, poniendo con ello en peligro la «igual libertad de todos los ciudadanos». La crítica a la penetración del fundamentalismo de mercado en la izquierda no es incompatible con aquella otra que cuestiona por qué nuestra izquierda se afana en diseñar soluciones a medida de cada presunta identidad, de cada pequeño grupo, de cada sentimiento o de cada localismo, en vez de priorizar la igualdad de todos y un proyecto de lo común, con independencia de cualquier otro criterio. La clásica ambición marxista, olvidada y sacrificada por demasiados de sus presuntos herederos, era configurar una sociedad de hombres y mujeres libres, iguales y fraternos.

La centralidad de la clase obrera tenía como pretensión una transformación colectiva: frente a la sociedad de clases, levantada sobre los escombros de la vieja sociedad estamental, se luchaba por alumbrar una sociedad de verdaderos ciudadanos. Hoy, una mirada crítica a nuestra izquierda hegemónica ofrece un panorama sombrío: concesiones constantes a los oscurantismos, la diversidad convertida en un mantra sagrado —aunque en materia de derechos implique desigualdad—, un constante blanqueamiento de los tribalismos como si fuesen alternativas progresistas y, al mismo tiempo, una incapacidad palmaria de enfrentar los nuevos retos de la sociedad capitalista contemporánea con un afán crítico y transformador.

En efecto, este libro está escrito por alguien que, por convicción y, por qué negarlo, algo de cabezonería, se niega a que expulsen de la izquierda su mejor tradición histórica de libertad, igualdad y fraternidad. Ese es el rastro que sigue toda la argumentación. El racionalismo ilustrado, con todas sus limitaciones, no puede disolverse ante la superstición sentimental e identitaria. Las comunidades políticas basadas en principios racionales y universalistas no pueden socavarse por medio de filtros culturales o étnicos que quiebran la noción misma de ciudadanía. El deterioro de condiciones materiales no puede encararse por atajos: la desesperada respuesta identitaria brindando soluciones a la carta, renunciando a un proyecto de lo común, para todos.

La propuesta que se esboza en este libro es inequívocamente de izquierdas. No se trata de un capricho retórico. No consiste en aferrarse a una nostalgia. No es una lucha por una etiqueta vacía. Tiene que ver con los principios. Con el de libertad, en su vertiente republicana más ambiciosa: la no dominación; una libertad que resulte indivisible y que sea de todos, porque, si es de unos pocos, simplemente deja de ser libertad para convertirse en el privilegio de los poderosos. Con el de igualdad, que parece socavado en favor de las políticas de la diferencia más delirantes. Y con el de fraternidad, traicionado por una extraña complicidad de nuestra izquierda oficial con nacionalismos periféricos y egoísmos particularistas.

El programa histórico de las izquierdas sigue vigente. Es cierto que una parte sustancial se incorporó a las sociedades democráticas de nuestro tiempo, y forma parte del acervo político compartido: sufragio universal, imperio de la ley, derechos laborales, sistemas fiscales progresivos, etc. Pero ni esas conquistas son inamovibles, ni el programa de emancipación está, ni mucho menos, completado.

Las condiciones materiales de millones de personas siguen maltrechas. El mundo del trabajo lleva décadas precarizándose en un contexto de globalización económica: la apertura e internacionalización de los mercados, la deslocalización productiva y las políticas de desregulación laboral han afectado al poder adquisitivo de los trabajadores. La negociación colectiva se ha degradado de forma sustancial y el fraude laboral crece: ahí está el paisaje urbano más común, ciudades repletas de repartidores en bicicleta, falsos autónomos sin apenas derechos, explotados de forma salvaje. Hoy nuestro mercado de trabajo se caracteriza por los salarios bajos y el fraude. En la economía global, la «uberización» de las relaciones laborales ha estrechado los derechos de los trabajadores, conquistados gracias a las ingentes luchas del movimiento obrero y el sindicalismo de clase en el curso de la historia. Al final del túnel se nos presenta la enésima revolución tecnológica, la de la inteligencia artificial, como un instrumento de transformación sin paliativos ni precedentes. Lejos del desprecio al progreso científico que cultiva la izquierda reaccionaria, parece más que conveniente adoptar una posición de prudencia que no nos haga caer en la complacencia infantil. Y es que, sin control democrático de las transformaciones tecnológicas, no son descartables importantes externalidades negativas en forma de destrucción de puestos de trabajo y descenso en las condiciones de vida de los trabajadores. La izquierda debe ser capaz de alzar la voz ante los que exigen silencio o complacencia ante los riegos de un capitalismo tecnológico que, con frecuencia, privatiza beneficios y despliega sus efectos más nocivos sobre los que menos tienen.

Si las bolsas de excluidos no desaparecen, sino que en ocasiones crecen, como ocurre en sociedades como la nuestra, donde la estratificación de clases, lejos de emborronarse, se recrudece, no podemos afirmar que estemos cerca de la emancipación colectiva ni de la realización completa del programa de las izquierdas para desligar a los seres humanos de sus condicionantes de origen. Las concentraciones de capital y las desigualdades en la riqueza y en la renta, con frecuencia ligadas con el origen de las personas, la familia y la herencia, son un escenario propicio para que las izquierdas reclamen la voz y la palabra.

En la penúltima crisis económica, el entonces presidente conservador de la República Francesa, Nicolas Sarkozy, abogó por «la refundación sobre bases éticas del capitalismo». La frase resulta paradójica, no solo por la escasa credibilidad política y personal de quien la pronunció, sino porque la izquierda, en una coyuntura tan favorable para señalar las costuras del sistema económico que acababa de colapsar, en buena medida dejó pasar la oportunidad, entretenida en otros menesteres. En vez de pensar con seriedad un programa político social y transformador, que no escamoteara ni los retos ni las dificultades que genera un escenario global en el que los mercados internacionales no encuentran su contrapeso efectivo en instrumentos políticos a idéntica escala, una parte nada desdeñable de las fuerzas presuntamente progresistas se han deslizado por una pendiente inquietante. En materia de ideas, «la razón en marcha» que atronaba en *La Internacional* ha sido sustituida por la superstición tribal e identitaria. Desplazados los ejes de clase por la agotadora retórica de las naciones sin Estado, las identidades fragmentarias y los colectivos presuntamente oprimidos, el carácter transformador de las izquierdas ha sido neutralizado por el sistema económico sin apenas esfuerzo.

Mientras que haya opresión, miseria y tiranía, seguirá habiendo lugar para la izquierda de vocación transformadora. Este libro está escrito como instrumento de combate, teniendo siempre presente que los principios no pueden ser desechados caprichosamente. Solo liberándonos de servidumbres tribales, religiosas, tradicionalistas, nacionalistas o irracionalistas, se podrá empezar a articular un terreno sólido de realización del socialismo. En una reciente entrevista, la profesora y ensayista Lea Ypi, autora de *Libre*, su excelente libro de memorias, lo explicaba con claridad:

> La izquierda ha sido siempre universalista. La idea de atrincherarse en una identidad a expensas de, o en conflicto

> con, otras es completamente alienante respecto a esa aspiración universalista que ha definido históricamente a la izquierda, que es la que a mí me interesa. Yo comencé estudiando el proyecto de la Ilustración porque era un proyecto universal. Y entiendo las críticas a las que fue sometido desde una perspectiva poscolonial. Pero para mí el problema no es la Ilustración ni el universalismo. El problema es el capitalismo, que solo emancipa a unos pocos. Y al retirarte a la trinchera de la identidad abandonas esa lucha.[1]

Así las cosas, el ideal de ciudadanía se aleja por el flanco neoliberal, por cuanto millones de personas ven como sus condiciones materiales de vida son precarias y agónicas, al tiempo que la sociedad política se fragmenta a través de múltiples identidades, haciéndose cada vez más estrecho el «espacio del nosotros». Por un lado, el fundamentalismo de mercado, y, por el otro, las diferentes versiones del identitarismo y del nacionalismo se retroalimentan en su agresión conjunta a la ciudadanía común. Un individualismo extremo es el resultado de las políticas que blindan las desigualdades económicas y excluyen del concepto de ciudadanía a los ubicados en los estratos sociales más desfavorecidos. Y, al mismo tiempo, la proliferación de tribus identitarias y grupos culturales cerrados impide la inclusión del conjunto de los desposeídos en la condición política de ciudadanos. No pocos presuntos herederos de la tradición de las izquierdas se han entregado, con armas y bagajes, a los efec-

1. Rafa de Miguel, «Lea Ypi, politóloga: "El capitalismo solo emancipa a unos pocos"», *El País*, 2/4/2023: <https://elpais.com/ideas/2023-04-02/lea-ypi-politologa-el-capitalismo-solo-emancipa-a-unos-pocos.html>.

tos nocivos de la doble amenaza descrita. En su fascinación identitaria y particularista, la izquierda, paradójicamente, ha terminado traicionando su identidad original, la igualitaria y universalista.

Y, sin embargo, aún estamos a tiempo de presentar batalla. El éxito de la misma dependerá, en buena medida, de la capacidad para encararla con buenas razones y argumentos. Ojalá este libro sirva, modestamente, a ese ambicioso propósito.

I

La tercera vía: cuando la izquierda renunció a serlo

Muy pocas palabras traducen tan bien un proyecto de ingeniería social como aquellas que pronunció en una entrevista allá por 1987 la primera ministra británica Margaret Thatcher. «¿Qué es la sociedad? La sociedad no existe, solo los individuos». No eran palabras hilvanadas por casualidad. Respondían, en efecto, a un proyecto de transformación colectiva: la descomposición de la idea de bien común y el desmantelamiento del Estado social. Los padrinos ideológicos de Thatcher fueron claros desde el primer momento. En otra famosa rueda de prensa, la primera ministra británica mostraba a los periodistas el célebre ensayo *Los fundamentos de la libertad*, del economista de la escuela austríaca Friedrich Hayek, y afirmaba unas palabras con no poco poso litúrgico: «Esto es en lo que creemos» (*This is what we believe*).

No pretendo iniciar este capítulo con un análisis exhaustivo de la herencia política de la Dama de Hierro, desarrollado, por cierto, tantas veces antes. Solo apuntaremos algunas claves sobre la fascinación que la izquierda reformista mostró en Europa respecto a la obra neoliberal. Tony Blair, máximo exponente de la tercera vía desde las coordenadas del laborismo inglés, fue bautizado por el historiador Eric Hobsbawm como «una Thatcher en pantalones». Algunas confesiones de Blair acreditan que la denominación no era precisamente un prejuicio: «La presunción debe ser que la actividad económica está mejor en manos del sector privado».

Esa fue su herencia de mayor calado, como así reconoció la propia Dama de Hierro: «Tony Blair es el laborista más formidable desde 1963». Resulta difícil separar la tercera vía, esa vertiente socioliberal que terminó por socavar el carácter transformador de la socialdemocracia, de la alargada sombra de la primera ministra conservadora.

Resulta paradójico que Pedro Sánchez, en algunos de sus múltiples virajes ideológicos de conveniencia, reivindicase la socialdemocracia como aval de su moderación. Pocos conceptos se encuentran más denigrados hoy, y más vacíos de significado, por el uso espurio que se les ha conferido en las últimas décadas. Si el eje izquierda-derecha aparece completamente sesgado en España —debido, entre otras, a la cuestión nacional-territorial—, otro tanto ocurre cuando se apela a la política económica, recurso tradicional de la socialdemocracia para frenar los excesos de un mercado ajeno al control político. Asumida su «desmarxistización» por propios y extraños, queda claro que el uso habitual de esa palabra en la política actual difiere por completo de su significado original. Sin embargo, sobre todo desde la década de 1980, ser socialdemócrata supuso tener un perfil abiertamente liberal, en ocasiones indistinguible del liberalismo económico o, incluso, defensor destacado de sus principales políticas.

Escribía Juan Francisco Martín Seco en su artículo «Nacionalizar la banca», publicado en el diario *Público* el 17 de marzo de 2009:

Conviene recordar que, en 1976, en la escuela de verano del PSOE, Miguel Boyer, que seis años más tarde sería superministro de Economía y Hacienda, se pronunciaba a favor de la nacionalización de la banca. Eran los últimos coletazos de una ideología de izquierdas que quedaría sepultada bajo el tsunami del pensamiento único, pensamiento único que, sin aportar razones, exclusivamente a través de la descalificación y colgando el cartel de desfasado a quien osase contravenir sus dictámenes, condenaba todo lo público y ensalzaba lo privado.

Con la llegada del PSOE al Gobierno, no solo no se nacionalizó la banca, sino que innumerables entidades financieras, tras ser saneadas con dinero público, fueron devueltas al sector privado. Asimismo, se perdió la oportunidad de establecer con las cajas de ahorro una banca pública potente.

Esta fue una de las primeras demostraciones, evidente y de relevancia, de la rápida transformación a la que nos referimos. Ciertamente, las promesas electorales no consistían en ninguna transformación revolucionaria de corte marxista, pero sí en un compromiso con la intervención pública en el sistema financiero y bancario, por lo que el viento se las llevó a una velocidad vertiginosa.

La renuncia a una verdadera banca pública no fue la única de las grandes renuncias a un programa socialdemócrata clásico. Algunos de los hitos esenciales en que se llevó a cabo la gran transformación socioliberal tienen que ver con la política laboral, con la política fiscal, con la privatización de empresas públicas, con la renuncia al control estatal de los sectores estratégicos o con el proceso de inserción dentro de la unión monetaria, sin contrapeso fiscal, presupuestario o político.

Si realizamos un sencillo ejercicio comparativo entre los programas económicos de partidos formalmente socialdemócratas —o incluso de aquellos otros que vendrían a ocupar un espacio a su izquierda— y el de un partido conservador al uso, como la Unión de Centro Democrático (UCD) en tiempos de la Transición, veremos que las políticas de intervención o nacionalización de sectores estratégicos, el programa referente al mercado laboral o las políticas fiscales que en su momento se planteaba el centro-derecha son más atrevidas que las que hoy sostiene todo el arco parlamentario de las izquierdas. ¿Casualidad?

Es imprescindible reconocer que cada uno es hijo de su tiempo y también lo son las políticas que se plantean. Sin embargo, conviene calibrar en sus justos términos hacia dónde se ha desplazado el eje socioeconómico de la política en las últimas tres décadas.

El debilitamiento del Estado social

Como explica Thomas Piketty en *Una breve historia de la igualdad*, entre 1914 y 1980 se produjo en el mundo una gran redistribución. El economista francés asegura que «el primer factor fue el surgimiento y consolidación a largo plazo del Estado social, en gran medida como consecuencia de las luchas sociales y de la creciente movilización socialista y sindical desde finales del siglo XIX. Se aceleró de manera importante a causa de las dos grandes guerras mundiales y la crisis de 1929, que en el espacio de treinta y un años (1914-1945) transformaron por completo las relaciones de poder entre el trabajo y el capital».

Ciertamente, ese período conformó una alianza capital-trabajo inédita en la historia. Pero habría que añadir un elemento adicional: el socialismo real supuso una verdadera amenaza para el capital y un incentivo evidente para ese pacto. La caída del muro de Berlín y de la URSS fue celebrada por muchos como un triunfo de las libertades individuales. No seré yo quien niegue que muchas de estas libertades fueron salvajemente conculcadas bajo el socialismo real; sin embargo, más allá de la algarabía, convendría analizar también el precio pagado tras esa caída en términos de deterioro de las condiciones de vida de los trabajadores de la Europa occidental. La libertad de los capitales suele conllevar fuertes impedimentos para la libertad del conjunto de la sociedad, especialmente de aquellos que no tienen otro patrimonio ni fortuna que su fuerza de trabajo. En el fondo, la libertad a la que apelan los liberales económicos, que obedecen con frecuencia al dios mercado, es una noción alejada de una misma libertad para todos y supone una auténtica trampa. Sin garantías sociales, la libertad es más bien opresión y perpetuación de las más crueles desigualdades, del privilegio de cuna y de la tiranía de los orígenes.

El Estado social fue producto de una coyuntura histórica muy concreta. La globalización financiera, el progresivo debilitamiento del movimiento obrero y la implosión del socialismo real son factores que desencadenan la crisis de ese modelo político. Y en lo que aquí importa, algunas de las más notorias traiciones a la izquierda de sus supuestos representantes.

De nuevo Thomas Piketty lo explica con claridad:

> El cuestionamiento del Estado social y de la fiscalidad progresiva producido desde la década de 1980 no solo se ha basado en la retórica. También se ha materializado en un conjunto de normas y tratados internacionales diseñados para que el cambio sea lo más irreversible posible. El núcleo de esas nuevas normas es la libre circulación de capitales, sin ninguna contrapartida en términos de regulación o fiscalidad común. En síntesis, los Estados han establecido un sistema jurídico en el que los agentes económicos han adquirido un derecho casi sagrado a enriquecerse utilizando las infraestructuras públicas y las instituciones sociales de un país (sistema educativo, asistencia sanitaria, etc.) y a trasladar luego sus activos a otra jurisdicción, de un plumazo o con un clic de ratón, sin que se haya previsto el seguimiento de dicha riqueza en cuestión y su imposición justa y en coherencia con el resto del sistema fiscal.

Los criterios que imperan desde la década de 1980 tratan de despolitizar la economía y hacer saltar por los aires la clásica máxima marxista de una economía política. Por eso se buscó que la política no interviniera en la esfera económica, que se considera, de manera ficticia, una técnica aséptica, científica e indiscutible. Lo que era una opción ideológica a favor de la desregulación financiera y de la despolitización económica se disfrazó de inevitabilidad y de pragmatismo. No había otra opción, según el relato imperante. Por eso se trasladan esos principios a los propios tratados que regirán la política económica europea, precisamente allí donde había germinado un Estado social desconocido en otras partes del mundo. En Maastricht, año 1992, se recoge la liberalización de los flujos de capital, la estabilidad presupuestaria, un desiderátum de déficit cero y otra serie de máximas ideológicas, sintomáticas de hacia dónde iba el mundo y las ideas que lo marcarían.

Los impuestos son un ejemplo de la gran involución que han supuesto las reformas neoliberales acometidas durante las últimas décadas. En el estudio publicado en *The Boston Review* por Emmanuel Saez y Gabriel Zucman, «Fiscalidad de los superricos. Por el bien de la justicia y la democracia, necesitamos un impuesto sobre el patrimonio progresivo», los autores, defensores de la fiscalidad progresiva, aportan algunas claves imprescindibles para tomarse en serio el asunto:

> La riqueza es poder. Una extrema concentración de riqueza significa una concentración extrema del poder: el poder para influir en la política de los gobiernos, para sofocar la competencia y para dar forma a la ideología. Todo eso conjuntamente con el poder para decantar la distribución de los ingresos a favor de determinados intereses. Esta es la razón central por la que la riqueza extrema de algunos puede reducir lo que les queda a los demás.
>
> En buena parte del siglo XX, el sistema fiscal de EE. UU. protegía contra semejantes desigualdades. Lejos de frenar la tendencia de la desigualdad, las políticas fiscales de las últimas cuatro décadas las han reforzado. Los tres impuestos tradicionalmente progresivos —renta, sucesiones y patrimonio— han sido todos ellos debilitados.

Llama la atención la apresurada capitulación de buena parte de la izquierda ante el fundamentalismo del mercado libre. En *Entrevista sobre el siglo XXI*, Eric Hobsbawm proporciona algunas claves: separa el fenómeno de la globalización, y su posible irreversibilidad, de la ideología del *free market*, de la que afirma que no tiene justificación, negando que la globalización deba seguir los derroteros neoliberales. Atribuye a la misma esa fe inquebrantable en el supuesto de que «el mercado libre maximiza el crecimiento y la riqueza en el mundo, y produce una distribución óptima del incremento resultante. Se sigue de ello que todos los intentos de controlar y regular el mercado producirán resultados negativos porque reducirán la acumulación del beneficio capitalista y, por lo tanto, impedirán la maximización de la tasa de crecimiento. [...] El argumento de que los recursos se distribuyen de forma óptima a través de la maximización del crecimiento capitalista no ha sido nunca convincente. Si buscamos en la historia las razones de una evolución equilibrada de la industria mundial, se verá que esa evolución equilibrada no la produjo el liberalismo sino su contrario. Estados Unidos y Alemania, en el siglo XIX, se convirtieron en países industrializados exactamente porque no aceptaron el libre comercio e insistieron en proteger sus industrias».

A pesar de que existen muchas evidencias del agotamiento del modelo neoliberal, especialmente tras el colapso financiero de 2008 y las limitaciones de una Unión Europea diseñadas con las reglas de Maastricht y con graves deficiencias políticas para corregir los desequilibrios entre Estados generados por la unión monetaria, siguen visibles los efectos del sometimiento ideológico de buena parte de nuestra izquierda ante ese modelo.

Los socialdemócratas dejaron en buena medida de serlo en España, replicando la dinámica global y europea, no ya en relación con la primigenia acepción marxista, sino directamente a las coordenadas keynesianas y redistributivas. Sucedió poco después de la propuesta de Miguel Boyer en la Escuela de Verano del PSOE en 1976. El propio superministro de Economía y Hacienda aceptó pronto la necesidad de despolitizar la economía, de ir estrechando paulatinamente el marco de acción del Estado en la política económica. Así, se arrinconó y expulsó del departamento de economía de los socialistas a los representantes del ala socialdemócrata —como Luis de Velasco, secretario de Estado de Comercio, o el propio Juan Francisco Martín Seco, secretario general de Hacienda—. También se llevó a cabo la sonada ruptura con la UGT de Nicolás Redondo Urbieta, siendo un hito especialmente relevante la huelga general de 1988. «Socialdemocracia» aún no era la etiqueta hueca a la que apelaba Pedro Sánchez para perpetuarse en el poder. Era más bien un escollo que había que hacer desaparecer para culminar la transformación socioliberal. La tercera vía —teorizada en el Reino Unido por Anthony Giddens y llevada a la práctica por el laborista Tony Blair— no era otra cosa que la adopción de una vía única sin alternativa: la dilución de la socialdemocracia en la ortodoxia neoliberal.

Los estragos productivos en la economía española

«La mejor política industrial es la que no existe.» Esta célebre proclama se convirtió en un mantra bien entrados los años ochenta en España. Al contrario de lo que ocurrió en los países de nuestro entorno, España, por aquel entonces relativamente industrializada, se enfrentaba a dos dinámicas contradictorias: por un lado, la conformación de un estado de bienestar que a principios de aquella década estaba en pañales —pensemos que el sistema fiscal y la progresividad eran principios de una absoluta precariedad en el franquismo, casi inexistentes—, al tiempo que se iniciaba el viaje a una convergencia europea que estaría marcada por el ocaso del Este de Europa y, poco después, la caída del muro de Berlín y de la Unión Soviética. En esa consolidación europea, el desiderátum impuesto tenía por objeto la transformación de las estructuras económicas españolas, que se basó en una reconversión industrial no exenta de conflictividad social.

Atribuida al ministro Solchaga, la intervención no se trataba de una mera muestra de ingenio, sino de todo un diseño de modelo productivo seguido en España como precio inevitable de la convergencia europea. Hasta cierto punto, resultaba razonable que se considerara la apertura al exterior como una enmienda al franquismo, que desplegó su fuerte represión hasta el final de sus días. Sin embargo, la apertura política, inevitable para romper con un régimen dictatorial —donde el pluralismo político estaba triturado, y los partidos, prohibidos—, se unió a una serie de decisiones de acomodamiento de la economía nacional a las nuevas necesidades de la división internacional del trabajo y de la convergencia europea.

En los últimos tiempos, la dinámica de la economía española se ha encaminado a la desindustrialización. Con el pretexto de la ineficiencia del sector, en ocasiones convertido en un cliché propagandístico, se acometieron reformas tendentes a la privatización del sector público, y a la especialización de nuestro tejido empresarial en pymes, microempresas y autónomos, insertos dentro del sector servicios, dedicados especialmente al turismo y a la hostelería.

Como pudimos comprobar durante la pandemia, España tiene un enorme problema de capacidad productiva. No es algo que afecta de forma privativa a nuestro país, sino que todo el sur de Europa ha experimentado una involución similar: las fábricas no han desaparecido, simplemente se han deslocalizado. No se trata de elogiar en este libro ningún tipo de autarquía, sino de cuestionar la demagogia que los amigos del comercio y las economías abiertas nos brindan a diario.

La incapacidad productiva —el ejemplo de las mascarillas o el material sanitario fue especialmente paradigmático en esos momentos de muerte y dependencia exterior hasta en lo más nimio— no debe traducirse en ningún ejercicio nostálgico o populista, sino en un análisis crítico de las debilidades ciertas que tiene nuestro país, ubicado en una periferia política, económica y productiva que parece vedado cuestionar. Las condiciones materiales exigen superar las quimeras y analizar con objetividad si es sostenible una España incapaz productivamente, con salarios bajos, productividad mermada, fraude laboral y dependencia exterior de materias primas, tecnología e industria.

La orientación hacia una industria de la innovación, el desarrollo y la investigación tecnológica es igualmente quimérica y no suele trascender el mero titular propagandístico en tiempos de campaña. Los índices de inversión en I+D son irrisorios: en el año 2021, a pesar de algunas recientes mejoras presupuestas, la inversión en I+D no superaba el 1,43 % del PIB español, y ocupaba la posición decimoséptima en Europa, según el informe de COTEC. Las condiciones salariales de todos los trabajadores del sector no han sido ajenas al empobrecimiento generalizado y a las políticas de devaluación interna practicadas en las últimas décadas y focalizadas, especialmente, en los salarios. Resulta complicado llevar a cabo con mínimas garantías un plan de reindustrialización serio y creíble en España. Y no solo por las dificultades que nuestro país tiene para orientar su política económica en el contexto de la Unión Europea y con una deuda pública disparada —sobre todo, a raíz de la salida de la crisis de 2008; la deuda pública en la España de 2007 era moderada, no pasaba del 40 % y era inferior a la de Alemania, por poner un ejemplo—. También porque el debate público nacional, cuando se adentra en el ámbito económico, se topa con los mantras habituales y la infinita demagogia que paralizan cualquier juicio prudente y racional. Cuando se invoca la necesidad de operar revoluciones fiscales a la baja que terminarían incrementando los ingresos del Estado, se falta a la verdad con el refrito de la curva de Laffer —vieja teoría fallida, que apunta a un incremento de la recaudación a pesar de los descensos impositivos por el efecto dinamizador de la economía que estos tendrían—. Y también se bloquea cualquier debate sobre el papel del Estado en la estructura productiva de la economía nacional. Si, cuando toca hablar de gastos, nos limitamos a denunciar el excesivo desembolso en ministerios, corruptelas y duplicidades —cuando estos son los del vecino, no los propios—, estaremos, a lo sumo, diciendo solo una parte de la verdad.

Por supuesto que hay gastos y gastos. Como hay impuestos e impuestos. No será lo mismo gastar en estructuras consultivas duplicadas en un ministerio fantasma, con sus competencias transferidas a las comunidades autónomas, que hacerlo en las partidas esenciales, y con frecuencia maltrechas, del Estado social. Ni tampoco será equivalente gastar en el pago preferente de los intereses de la deuda pública, constitucionalizado a través del artículo 135 de la Constitución española, que hacerlo en el sostenimiento de las pensiones públicas, cuya constante amenaza tiene mucho que ver con el dominio ideológico de nuestro tiempo. No son la misma cosa tampoco los impuestos sobre las rentas del trabajo en sus tramos bajos que los que no pagan los excedentes empresariales o las rentas del capital que fluctúan a nivel transnacional sin mecanismo funcional alguno para evitar sus deslocalizaciones permanentes. Meter en el mismo saco la tributación de un trabajador pobre y la de Amazon solo puede responder a la clásica disyuntiva: o quien lo hace es tonto de solemnidad o, por el contrario, es demasiado listo y lo que pretende es engañar al personal y, seguramente, lucrarse a su costa.

Volviendo a los irrisorios índices de inversión pública en I+D+I y a nuestro modelo productivo basado en salarios bajos, baja productividad y condiciones laborales deterioradas, cualquier propuesta creíble para revertir semejante estado debería enfrentarse al mantra ideológico que impugna cualquier gasto estatal como si necesariamente este fuera sinónimo de despilfarro o ineficiencia. Incluso el emprendimiento se ha convertido en un gran ejercicio propagandístico, no siempre inocente, que ignora la realidad estructural, institucional y legal que rodea cualquier iniciativa económica o actividad empresarial. No hay que cubrir con una capa de pintura las grietas de un edificio que se derrumba. Ni proyectar en términos de responsabilidades individuales lo que en el fondo ha constituido un verdadero desplome de la realidad salarial y laboral de millones de trabajadores. Sea como fuere, tanto la innovación como el emprendimiento son procesos mucho más complejos que la caricatura que el neoliberalismo ha dibujado: el ridículo cuento de la persona que comenzó su proyecto empresarial en un garaje, sin ningún recurso ni ayuda previa. Si se atiende a los ejemplos de triunfo empresarial o de innovación exitosa —célebremente analizados por Mariana Mazzucato en *El Estado emprendedor*—, empezando por internet y terminando por las vacunas, se alcanzará la convicción de que tan complejos procesos exigen un fuerte respaldo estatal y, con frecuencia, ingentes sumas de dinero público que suelen llegar allá donde el mercado y la mera rentabilidad privada no se atreven.

Cualquier cambio de nuestro modelo productivo debe analizar nuestro papel dentro de la Unión Europea e, indudablemente, también desechar la impugnación realizada por el neoliberalismo del Estado como instrumento capaz de orientar las necesidades productivas del país, así como acometer una economía menos basada en la especulación y los desproporcionados beneficios de unos pocos, y más focalizada en la redistribución de los ingresos, el equilibrio social y el bien común.

Bajar impuestos era de izquierdas: el IRPF de la UCD y las reformas socialistas

El actual IRPF (Impuesto sobre la Renta de las Personas Físicas) se introdujo en España en el año 1979 bajo el gobierno de la Unión de Centro Democrático (UDC). Conviene echarle un ojo a su configuración para entender la evolución pendular de la política española —y de la del resto de Europa y del mundo entero— hacia la derecha, al menos entendiendo esta por derecha económica liberal. Uno de los grandes objetivos de la democracia era establecer un sistema tributario justo y progresivo, que cumpliera un mandato constitucional que en demasiadas ocasiones parece ser puro papel mojado.

Cuando el IRPF, impuesto directo y progresivo por excelencia, se introduce en la legislación española se hace con veintiocho tramos y un tipo máximo del 65,5 %. Una configuración como aquella del primer IRPF, que instó un gobierno presidido por Adolfo Suárez, hoy sería considerada «socialcomunista». ¡Nunca hubo un IRPF más socialdemócrata en España que aquel que implantó un gobierno de derechas como el de la UCD! Poco después, la vía única neoliberal, en la que convergieron una derecha cada vez menos conservadora y más entregada a la contrarrevolución «libertariana» patrocinada por el binomio Thatcher-Reagan a nivel internacional y una presunta izquierda de tercera vía, fielmente acrítica respecto al neoliberalismo, se consolidó como una cuestión incontestable. Todo lo que ocurrió en España desde 1979 en adelante ha supuesto constantes giros a la derecha. Para que luego nos hablen de socialcomunismo.

Paradojas de la vida, fue el PSOE el primero que acometió una reforma claramente liberalizadora del IRPF, allá por 1988. Como señalaba Juan Francisco Martín Seco en *Economía. Mentiras y trampas*, «el aspecto más grave es el tratamiento beneficioso que se ha ido dando a las rentas del capital. En los momentos actuales, ha desaparecido el impuesto global sobre la renta personal que se alumbró en la Transición para dar paso a un impuesto dual en el que las rentas del trabajo y las del capital tributan a tipos diferentes y, al revés de lo que tradicionalmente se venía defendiendo en la teoría de la Hacienda Pública, es más elevado el aplicado a las primeras que el que grave a las segundas. Se ha producido, por tanto, un salto atrás de más de treinta años, ya que se retorna a los impuestos de producto de la época franquista».

En suma, en el contexto actual, tras cuatro décadas de hegemonía liberal en lo económico, la verdadera y principal brecha que describe nuestras sociedades es la generada entre las rentas del trabajo y las rentas del capital. Del pacto capital-trabajo hemos transitado hacia su genuina erosión. Mientras que millones de conciudadanos ligados a una economía productiva basada en el monocultivo turístico, en los servicios y en el sector terciario —en la que la competitividad externa se ha basa en bajos salarios y condiciones laborales cada vez peores— viven los estragos del empobrecimiento y cada vez encuentran más dificultades para sobrevivir, una serie de élites insertas en la economía financiera y especulativa aumentan sus beneficios, emancipadas del territorio político del Estado nación a través de múltiples mecanismos de elusión al control fiscal, regulatorio y jurídico de los poderes democráticos.

Confieso que una de las cosas que más me cuesta entender en la política española es la fascinación progresista que a algunos les supone el recuerdo de los gobiernos de José Luis Rodríguez Zapatero. Se entiende la satisfacción, razonable y coherente, con los importantes avances en derechos civiles que se llevaron a cabo durante la primera legislatura. Yo mismo los aplaudo sin matices. ¿Resulta suficiente esa ampliación de derechos civiles para validar como socialista la acción gubernamental de Zapatero?

Cuesta mucho entender cómo algunos han erigido al expresidente en referencia para las izquierdas cuando, si atendemos con rigor a su política económica, resulta indiscutible que algunas de sus decisiones son de las más regresivas que uno pueda recordar. La política económica y laboral de José Luis Rodríguez Zapatero supuso la entrega a una tercera vía ya consolidada por aquel entonces en España, si acaso con la soberanía aún más mermada y vigilada que en los años ochenta y noventa, con cierta brillantina identitaria en las formas —lo cual incluso empeoraba la manufactura de las políticas— y con un inequívoco signo neoliberal en materia fiscal o laboral.

En aquel gabinete, abundaban las voces —también en economía— partidarias de caminar hacia el *flat tax* o tipo único en el IRPF, que simbolizaría la simplificación de un complejo sistema tributario y el definitivo sacrificio de la progresividad fiscal. Era el tiempo del neoliberalismo a calzón quitado. Bajar impuestos era de izquierdas; el impuesto de patrimonio, una rémora insostenible en la política.

Los aventajados alumnos de Margaret Thatcher y Ronald Reagan en España fueron con frecuencia sujetos amparados por las siglas del puño y la rosa. Triste es recordarlo, pero más triste es la pretensión de algunos de silenciar lo ocurrido durante tantos años en la «izquierda» española.

¡Que vienen los populistas!

En una tribuna publicada en *El País* con fecha de 23 de abril de 2022, titulada «Macron, ¿el presidente de los ricos?», Toni Roldán, antiguo responsable de economía de Ciudadanos y reconocido muñidor del Pacto del Abrazo con el PSOE, alababa el nervio reformista de Emmanuel Macron, presidente de Francia. De un tiempo a esta parte, se subraya la imperiosa necesidad de implementar reformas. Como con los consensos, suele faltar la parte más importante del enunciado. ¿De qué reformas hablamos? ¿De qué consensos? Ni consensuar ni reformar son, *per se*, actos benéficos. En política, suele ser muy complicado conciliar y armonizar intereses, entre otras cosas porque los hay contrapuestos y en lógica colisión. Cuando hablamos de economía, impuestos, modelo productivo o trabajo es difícil agradar a todos. Es por ello por lo que conceder el beneplácito a una actitud reformista resulta, en el mejor de los casos, de una trivialidad campanuda.

No es, sin embargo, el caso de Toni Roldán, al que no se le podrá criticar la claridad expositiva —ciertas trampas retóricas disipan cualquier duda— y la carga ideológica de esta, por más que presente en ocasiones su opción ideológica como una suerte de mínimo común compartido por todos..., excepto por los nefandos populistas.

> La evidencia comparada muestra que las economías con regulaciones muy rígidas y costes de despido excesivamente altos no protegen más a los trabajadores, sino menos. Las reformas puestas en marcha por Macron tienen el objetivo de reducir el muro de separación entre contratos, con el foco puesto en mejorar la empleabilidad y protección de los trabajadores autónomos, abandonados por el sistema (y por los sindicatos). Se introduce mayor flexibilidad, avanzando en la descentralización de la negociación colectiva, reduciendo la excesiva judicialización del despido y haciendo más previsibles

los costes laborales para que las empresas pierdan el miedo a contratar trabajadores indefinidos.

El párrafo citado no tiene desperdicio y es enormemente ilustrativo de lo que una parte del progresismo socioliberal se ha dedicado a hacer en los últimos tiempos. Atendamos primero a una cuestión formal en apariencia, pero reveladora desde cualquier punto de vista. Nos referimos al uso y abuso de eufemismos por todas partes: «descentralizar la negociación colectiva», cuando se quiere decir otorgar prioridad al convenio de empresa y a la imposición unilateral por parte de esta a los trabajadores en lo referente a sus condiciones de trabajo; «reducir la excesiva judicialización del despido», allí donde se quiere afirmar la necesidad de que el despido sea libre y que los trabajadores pierdan el carácter tuitivo que los juzgados y tribunales desempeñan, con frecuencia, en solitario ante una legislación cada vez más liberalizada y favorable al empleador; «haciendo más previsibles los costes laborales para que las empresas pierdan el miedo a contratar trabajadores indefinidos», en vez de confesar que lo que se exige es que el despido sea lo más barato posible para que la contratación indefinida o temporal sea indistinta, en tanto que los derechos de los trabajadores se han igualado a la baja de forma drástica.

En el fondo, la puesta en tela de juicio de la propia naturaleza del derecho laboral es la receta socioliberal para el mercado de trabajo. Desnaturalizar un marco propio de protección de los trabajadores y desplazarlo, sibilina o abiertamente, hacia el ámbito del derecho mercantil, del derecho privado. La presunta autonomía de la voluntad de las partes. El problema insalvable es que apelar a la libertad de pactos entre partes desiguales no es otra cosa que legitimar la imposición del fuerte sobre el débil. Remitir a la libertad de los pactos entre desiguales supone validar la imposición unilateral de aquel capaz de imponer sus condiciones. La prioridad del convenio colectivo de empresa sobre el sectorial solo sirvió para que en pequeñas empresas —las que abundan de forma abrumadora en nuestro país y en buena parte del sur de Europa— las condiciones no resultaran de la negociación colectiva, sino de la imposición de la parte más fuerte. Apelar a la conveniencia de evitar la judicialización de un conflicto laboral resulta una afirmación igualmente llamativa y estremecedora. Sobre todo, por el lugar donde se emite: en España, realidad que conoce bien el autor, el despido es genuinamente libre. Da igual que el motivo sea incierto o abiertamente falso, ese despido no será nulo. A no ser que se vulnere un derecho fundamental de forma explícita —la orientación sexual o la libertad de pensamiento, los supuestos de embarazo o la cláusula de indemnidad, esa que protege al trabajador respecto a eventuales represalias por reclamaciones interpuestas previamente contra el empleador—, ese despido, por muy torticero que resulte, será a lo sumo improcedente. Por supuesto, a diario se vulneran los derechos fundamentales de los trabajadores, pero la interpretación restrictiva de ese concepto, así como los cuidados que las empresas procuran para encontrar subterfugios, reducen el escenario de la readmisión obligatoria a una minoría de casos. Será, en consecuencia, la empresa la que opte entre readmisión o indemnización. ¿Qué eligen las empresas en la práctica totalidad de los supuestos? Lógicamente no optan por readmitir a aquel trabajador al que desean despedir, sino por culminar su voluntad inicial. Unida dicha libertad de despido al progresivo abaratamiento de costes a la hora de proceder a este, se podría decir que evitar la judicialización es algo así como obstaculizar a los trabajadores en la defensa de sus maltrechos derechos.

¿Se pretende así parar a los populistas? Producen cierta perplejidad las recetas socioliberales para sofocar un fuego que ellos mismos se afanan en avivar. Cierta perplejidad, pero cada vez menos. Se estila, entre los más respetables foros y altavoces de la tercera vía, hablar poco de despidos, como si fuera de mal gusto. A lo sumo, tal y como se jura y perjura, el abaratamiento de los costes del despido sería condición indispensable para fomentar la contratación. Así se presentó en su día el contrato único con indemnización creciente, que diseñó la patronal e hizo las delicias de algunos *think tanks* siempre de guardia en la defensa de los intereses de los privilegiados. Si se establecía un contrato único en el que el despido fuera totalmente libre —posibilidad de amortizar el puesto de trabajo a la carta, otro eufemismo para despedir sin ataduras— y la indemnización inicial de doce días, creciente de forma irrisoria por cada año de antigüedad, lo que se estaba haciendo era fomentar la contratación. Se nos dijo que ello daría seguridad a las empresas para formar a los trabajadores. Para no ser importante el despido, según el imperante relato, es paradójico que en todas las reformas laborales le presten una atención especial. El despido es siempre una línea roja: ni un paso atrás; la flexibilización es un mantra sagrado. Incluso en la reciente reforma de la ministra Yolanda Díaz, anunciada a bombo y platillo como un cambio en las dinámicas legislativas liberalizadoras implementadas hasta la fecha, el despido libre y barato se ha blindado, sin que la reforma haya tocado mínimamente todos los recortes de derechos de los trabajadores que supusieron, a este y a otros efectos, las reformas implementadas por PSOE y PP en 2010 y 2012.

A la flexibilidad externa del mercado de trabajo, del que como vemos se puede salir por la voluntad unilateral del empresario, con un inequívoco abaratamiento y flexibilización del despido tras las citadas reformas, hemos de añadirle otro elemento esencial de nuestro mercado de trabajo: su flexibilidad interna. Se suele presentar el mercado de trabajo español como una rémora obsoleta y corporativa, completamente intervenida y burocratizada. El mito consolidado funciona. Sin embargo, la realidad es otra: las modificaciones sustanciales de las condiciones de trabajo también fueron objeto de flexibilización por parte de nuestro legislador.

Da la sensación de que la receta socioliberal —no solo en lo referente a nuestro mercado de trabajo, sino en general— plantea continuar por la misma senda que ha generado cientos de miles, incluso millones, de perdedores en la globalización. Frente a una promesa consistente en atar la democracia a recetas de fundamentalismo de mercado que, en el fondo, la boicotean mediante la descomposición social, muchos trabajadores se quedan atrás, en una lucha desesperada por la supervivencia. La tan cacareada libertad no es tal, porque sin las condiciones materiales cubiertas y aseguradas nadie es libre de vivir su vida con unas mínimas garantías.

Abaratar aún más el despido, blanquear y romantizar con eufemismos y trampas retóricas la «uberización» del mercado de trabajo en la que llevamos años instalados, es el mejor incentivo de las políticas populistas e identitarias.

Como se sostiene aquí, cualquier opción nacionalista o identitaria —como las que la señora Marine Le Pen, la Liga en Italia, Vox o nuestros nacionalistas identitarios periféricos representen en sus diferentes versiones— es un peligro político y una impostura moral. Cualquier propuesta de repliegue basada en criterios étnicos, raciales o religiosos significa una enmienda a la totalidad al ideal de ciudadanía y a un proyecto de emancipación colectiva como el que debe representar el socialismo. Pero resulta negativo incidir en consignas huecas y voces de alerta cuando cada vez más gente cae en las redes de la precariedad y la pobreza y se siente razonablemente tentada a romper con un sistema que ha traicionado su promesa de protección social, indisociable del Estado social. Cuando el propio concepto de república es atacado por una libertad capciosa y a la carta, de la que disfrutan unos pocos en detrimento de la mayoría. La libertad de los capitales en perjuicio de los derechos de los ciudadanos. Con una ciudadanía vaciada de contenido social, es natural que las bolsas de exclusión y descontento social crezcan. En ese terreno de desesperación y anomia, en el que las leyes cada vez significan menos frente a la fuerza de los poderosos, es factible que el populismo identitario —con sus soluciones de trazo grueso, sus enormes cargas de emotividad y sus recetas identitarias— encuentre un terreno fértil para brotar política y electoralmente.

Uno de los hitos de la política social y económica que siempre merece especial atención a las críticas sobre la difícil sostenibilidad de un Estado social maltrecho es nuestro sistema público de pensiones. A raíz de las huelgas y manifestaciones que paralizaron recientemente Francia, algunos célebres reformistas aplaudieron la presunta contundencia del presidente Macron, convencido de la necesidad de acometer «reformas estructurales». Quizás uno de los sintagmas más devaluados en cuanto a su significado, más maleados retóricamente y brumosos en su traducción real, es el de «reformas estructurales». Si no se precisa el vector o la dirección de esas reformas, se dice más bien poco. Bien está que se acepte la vía gradualista, parlamentaria e institucional para llevar a cabo cambios de alcance, pero cuando se apela a reformas ineludibles para la competitividad de nuestro modelo productivo o para la sostenibilidad de nuestro sistema de pensiones, suele apelarse a una vía única de la política económica. Con las pensiones ocurre: sobrevuela constantemente el problema de su viabilidad. El sistema público o de reparto, dicen incluso algunos avezados y aventurados comentaristas —que sirven para un roto y un descosido en el análisis, puesto que sobre todo pontifican con una ligereza pasmosa—, es completamente insostenible. La presunción de que debe mantenerse nuestro sistema de pensiones con cargo a las cotizaciones sociales del Estado es casi indiscutible. Llama la atención porque, como ha incidido hasta la saciedad Juan Francisco Martín Seco, uno de los principios rectores de la Hacienda pública es la no afectación: un ingreso concreto no ha de sostener única y exclusivamente una determinada partida del gasto público. Ciertamente, los cotizantes plantean problemas sobre su capacidad de nutrir el sistema de reparto de pensiones, y ello tiene que ver con el tenor general de nuestra economía y de nuestra demografía. La tasa de reposición en cuanto a la población es baja, pero ese hecho no está desligado del siguiente factor estructural que pone en peligro la sostenibilidad de un sistema de bienestar completo: los sueldos bajos y el estado general de nuestra economía. La competencia vía salarios, piedra angular de la economía española durante décadas, se ha revelado como una fórmula por completo fallida para salir del atolladero. Ya no solo es que resulte socialmente incendiaria y por tanto difícilmente sostenible desde la óptica de los imprescindibles equilibrios sociales, sino que además tiene que ver con el hecho de que en un contexto internacional de economías abiertas parece poco inteligente competir de esta manera, puesto que siempre se podrán rebasar por abajo las condiciones de flexibilidad, o, dicho de otra manera, la explotación y la precariedad.

El fraude laboral, por lo demás, es una realidad también estructural de nuestro mercado de trabajo, y no es normalmente no es en la que se piensa cuando se apela a las reformas necesarias. Convendría cuantificar de forma seria y concienzuda cuántas horas extraordinarias se llevan a cabo en nuestro país, y qué sentido tiene todo ello con el desempleo estructural que sufrimos en España. La contradicción es flagrante. Algunos indicios son inquietantes. «Más de la mitad de las horas trabajadas en España no se pagan» (*El Correo*, 14/4/2013). Según datos de *El País*, de 9/2/2014, que trae a colación Martín Alonso Zarza en «No tenemos sueños baratos. Historia cultural de la crisis», «las horas extraordinarias no cobradas subieron un 28,5 % en 2013 y el doble en los contratos a tiempo parcial, hasta alcanzar los 3,382 millones de horas de un total de 5,861; es decir el 57 % de las horas extraordinarias trabajadas no se pagan». ¿Y la situación ha mejorado en los últimos tiempos? Según reflejaba en 2022 *El Periódico de España*, haciéndose eco de los datos de la Encuesta de Población Activa, en nuestro país el 49 % de las horas extraordinarias no se pagan. A la vista de la falta de medios y recursos de una Inspección de Trabajo que no parece merecer la atención del Ministerio de Trabajo, habiéndose llegado a poner en huelga en diversas ocasiones durante los últimos meses, podríamos concluir que una de las grandes anomalías de nuestro mercado laboral sigue más que patente y consolidada. Hacer como que no pasa nada, o certificar que el actual estado de cosas es uno de los efectos inevitables de la globalización, el precio imperativo para ser competitivos, para estar efectivamente insertos en una economía global «uberizada» en la que las relaciones laborales ya no responden a patrones fordistas, con sus sindicatos, legislaciones tuitivas y derechos consagrados, supone una estrategia doblemente perversa. En ella caen repetidamente los socioliberales: por un lado, no ofrecen ninguna alternativa al empobrecimiento de las antiguas clases medias, que sufren la descomposición de condiciones materiales y una pérdida de seguridad vital flagrante; al mismo tiempo, dejan el campo libre para formulaciones populistas e identitarias respecto a todos esos trabajadores empobrecidos o perdedores de la globalización.

Nuestros bajos salarios no se suben por decreto, suelen responder los fundamentalistas de mercado que despreciaron la política industrial y apostaron por una convergencia europea llevada a cabo con extremo dogmatismo. Ciertamente no, pero no se puede despreciar la importancia del SMI como instrumento que permite introducir mecanismos de corrección de la pobreza y predistribución de la renta. También como una cláusula de protección de los trabajadores en un mercado laboral liberalizado durante demasiado tiempo, con políticas tales como las modificaciones sustanciales de trabajo, un despido muy flexible y cada vez más barato, la eliminación del control preceptivo por la autoridad laboral de ERE y ERTE. O la degradación de la negociación colectiva, cuya prioridad sectorial fue sustituida en la reforma de 2012 por la de empresa, para incidir en la política de devaluación salarial, y recuperada bajo el gobierno PSOE-UP solo en material salarial, y no en el resto de criterios.

Las políticas analizadas en este capítulo constituyen el ejercicio más eficaz de colaboracionismo con el populismo antipolítico que, al contrario de lo que la socialdemocracia clásica y la izquierda transformadora siempre propugnaron, no prevé planes estructurales de reforma o modificación de estructuras económicas injustas y desigualitarias, sino intervenciones quirúrgicas de trazo grueso o soflamas incendiarias que no son refrendadas por la vía de los hechos, sino desmentidas con políticas tibias y erráticas. La dilución del afán transformador de la izquierda, a través del sometimiento socioliberal, solo sirve para potenciar el caldo de cultivo del populismo, acentuar sus dimensiones desigualitarias y aumentar la brecha capital-trabajo. El incremento de las desigualdades y la abdicación de la izquierda por incomparecencia suponen echar leña al fuego en tiempos de incendio social y político.

2

Silencios incómodos: lugares comunes ante el fundamentalismo de mercado

Uno de los rasgos más característicos del debate público es su decantación identitaria. Buena parte de la izquierda ha centrado todos sus esfuerzos en convertir, con la excusa de la diversidad, el legítimo derecho a la diferencia en una inquietante diferencia de derechos. Más allá de la diversidad cultural, identitaria o religiosa, ineludible en un contexto democrático, la diferencia de derechos suele ocultar una realidad sombría: la desigualdad. Y, se pinte como se pinte, la desigualdad es reaccionaria.

La deriva identitaria, más allá de sus implicaciones reaccionarias, que analizaremos en lo sucesivo, ha puesto encima de la mesa de forma descarnada el clamoroso estruendo de algunos silencios. ¿Qué tiene que decir la izquierda sobre la cuestión europea, sobre el trabajo o sobre nuestro modelo productivo? En más ocasiones de las deseadas, solo resuenan los silencios.

La Unión Europea tiene un elefante en la habitación

Ante la crisis energética e inflacionaria que ha asolado y sigue asolando Europa en un contexto de guerra, con serios problemas de suministro de gas en países como Alemania, los países antaño considerados «frugales» han pedido solidaridad al sur de Europa en forma de una reducción del 15 % del consumo de gas (7 % en España).

Si la situación no fuera tan complicada para muchos trabajadores del sur de Europa, empezando por los españoles, la macabra paradoja podría conducir incluso a la risa. Inevitablemente, a uno le asaltan las dramáticas imágenes vividas hace más de una década con ocasión de la crisis del euro que llevó al borde de la quiebra a la unión monetaria, y de la destrucción social al sur de Europa, y que provocó efectos devastadores.

Mientras los aprendices de brujo recetaban austeridad con efectos presuntamente expansivos —el economista italiano Alberto Alesina argumentó la hipótesis de la austeridad expansiva; cotejada la teoría con la dramática realidad, hasta el FMI tuvo que reconocer el disparate—, un jubilado griego que se negaba a buscar comida en la basura, Dimitris Christoulas, se pegó un tiro frente a la plaza Síntagma de Atenas. Tan crudo, tan indignante, tan real.

Lo que late detrás de la petición de solidaridad de los pretendidos frugales, además de la grosera contradicción, es una realidad objetiva. La UE, más allá de los tratados y del voluntarismo político, tiene enormes costuras. Para empezar, la inexistencia de dicha unión. Política energética dispar y absolutamente asimétrica. Realidades económicas y productivas diametralmente opuestas. Y una fantasmagórica autonomía estratégica que no pasa de ser un conjunto de buenas intenciones que nada tiene que ver con la realidad. Son solo algunos de los ingredientes que revelan la inexistencia de dicha unión.

El Banco Central Europeo (BCE) ha anunciado el final de la política heterodoxa de compra de deuda y la subida de los tipos de interés, si bien es previsible una moderación de esa tendencia en el último trimestre de 2023. Algunos aplauden lo que interpretan como el final de las políticas heterodoxas. Políticas que, violentando los principios profundamente ideológicos recogidos en los tratados, el mismo BCE ha aplicado durante los últimos años, también al principio del inicio de la crisis de la covid-19, y que vinieron a rectificar las catastróficas recetas de Alesina y compañía. Con esas recetas se asfixió al sur de Europa, echando leña al fuego de una crisis financiera que en la UE tuvo unas características específicas, relacionadas con su diseño.

La UE tiene una estructura asimétrica, con un centro y una periferia. Aunque se quiera observar en el BCE una institución federal, lo cierto es que se trata de un banco central sui géneris. No lo es de una nación concreta, sino de diecinueve con realidades económicas totalmente dispares. ¿Cómo van a comportarse los mercados? No lo sabemos exactamente, aunque el fantasma de la prima de riesgo vuelve a hacer aparición. Como bien explica el economista Juan Francisco Martín Seco, el comportamiento tan dispar respecto a países y el indicador de la prima de riesgo revela en el fondo una debilidad, una anomalía estructural, de la unión:

> En una verdadera unión económica, las primas de riesgo no deberían existir. Se supone que el riesgo de invertir en deuda pública de cada uno de los países tendría que ser el mismo ya que, al estar nominadas todas ellas en idéntica moneda, está ausente el riesgo de cambio y porque, además, no hay razón para que haya peligro de insolvencia de ninguno de

los miembros, a no ser que la Eurozona se fraccionase. En el fondo, lo que mide la prima de riesgo es el grado de credibilidad de la moneda única, la probabilidad de que la Unión Monetaria se rompa. Cuanto mayor sea la divergencia entre los países, mayor será la prima de riesgo de algunos de ellos. («El BCE y la fragmentación de la eurozona», La República, 23 de junio de 2022.)

El aparente abandono de la política heterodoxa del BCE, la compra masiva de deuda, no debe ocultar el desequilibrio estructural de la Unión Europea y de la moneda única. Como algunos economistas se atrevieron a denunciar en solitario, entre ellos el citado Martín Seco, a cargo del programa económico de la Izquierda Unida de Julio Anguita contra Maastricht, o el Premio Nobel Joseph Stiglitz, el euro está mal diseñado. Este último ha dedicado diferentes textos a defender una idea formulada con precisión y claridad cristalina: «El euro fomentó la crisis y las desigualdades». En una entrevista publicada en *elDiario.es* y *Alternativas económicas*, explica con claridad el contexto en que cristaliza la moneda común:

El euro fue fundado en un momento determinado, en 1992. En aquel momento la ideología dominante era compartida por Alemania, pero también por otros países. Las ideas dominantes eran que, si se controlaba el déficit y se mantenía la inflación baja, el mercado ya arreglaría el resto de problemas. Pero la crisis asiática de 1997 demostró que esto era un error. Y la crisis financiera global de 2008 ratificó aún más que dejar la solución en manos del mercado era una equivocación. Lo que ha ocurrido es que en 2010, el Fondo Monetario Internacional (FMI) ha cambiado de pensamiento y se ha dado cuenta también de que estas ideas de limitarse a controlar el déficit y la inflación eran equivocadas y que se necesitan políticas expansivas, pero Alemania y algunos países no lo ven así.

Porque una unión monetaria no puede funcionar correctamente sin integración política, fiscal o presupuestaria. Los desequilibrios en los *stocks* de deuda pública no se deben a la existencia de gobernantes manirrotos en el sur frente al comportamiento eficiente y austero del norte —¿cómo explicar entonces el caos energético que estamos constatando en los frugales?—, sino en el propio diseño de la unión, disfuncional y carente de equilibrio o integración. El euro se construyó contra toda lógica económica. Las variaciones entre los valores de las monedas que se trataban de unificar eran enormes, razón por la cual era fácil suponer las dificultades para mantener las cotizaciones fijas durante mucho tiempo después de la integración sin crear desajustes y graves daños en las economías de los países del sur periférico.

Ya el antecedente de la unión monetaria, el Sistema Monetario Europeo, se saldó con un colosal fracaso allá por 1989. La propia Unión Europea se vio obligada a rectificar y ampliar las bandas de fluctuación entre las monedas del ±2,5 % al ±15 %, dejándolas en la práctica en libre flotación, esto es, a merced de que el tipo de cambio lo fijara directamente el mercado a través de la oferta y la demanda, sin intervención alguna de la autoridad monetaria.

La Unión Europea incorporó en Maastricht una serie de principios que consagraban el hegemónico fundamentalismo de mercado. Sin embargo, la ideología, incluso cuando deviene en hechicería en manos de dogmáticos extremos, no puede suplantar a la realidad. Como unos pocos economistas valientes denunciaron, la UE no constituía ni constituye una zona monetaria óptima. Más allá de la integración comercial, la libre circulación de personas no ha pasado de algo vacío de contenido y ha quedado subordinada y circunscrita a la libre circulación de capitales. Como veremos más adelante al abordar el crucial asunto de la inmigración, si esta está regida por un contexto político en que la economía sigue subordinando a la política, donde la unión fiscal, presupuestaria y política es una realidad palpable, la fluctuación de personas siempre aparece guiada por criterios económicos de rentabilidad del capital.

La inexistencia de una integración fiscal y presupuestaria constituye el principal déficit que impide la existencia de mecanismos de corrección de las distorsiones que provoca una unión monetaria entre realidades económicas tan dispares. La pertenencia a la unión monetaria permitió el endeudamiento de unos países y los préstamos de otros, generando enormes desequilibrios en las balanzas de pagos por cuenta corrientes (déficits y superávits). Si algo ha salvado al euro después del desastre de la austeridad expansiva, ha sido la política heterodoxa de mutualización de la deuda practicada por el BCE, consistente en emitir eurobonos para comprar deuda pública de los Estados miembros de forma conjunta por la UE, compartiendo costes y riesgos, lo cual se entendió como un paso en la buena dirección para la integración europea entre los países del norte y del sur. En la actual crisis inflacionaria, parece que dicha política empieza a decaer y se vislumbra un cambio de rumbo. Por lo demás, la UE sigue exhibiendo una notoria tensión entre el norte y el sur. Véase el infame comportamiento de los Países Bajos dando lecciones en plena pandemia, exigiendo reformas estructurales, con sus respectivos recortes sociales, al sur europeo en plena situación de emergencia sanitaria como condición para los fondos de rescate europeo.[1] El presupuesto comunitario es ridículo y todo intento de armonización fiscal que bloquee la deslocalización del capital entre Estados se niega tajantemente por los halcones, entre los que siempre destacan los Países Bajos, Austria, Suecia y Dinamarca. Se admiten paraísos fiscales *de facto* y se nos siguen vendiendo las ventajas de la competencia fiscal a la baja entre estos, aunque la única intención explícita de los fundamentalistas de mercado es terminar por sepultar el maltrecho Estado social.

La mayor parte de las políticas laborales o las referentes al modelo productivo, además, aparecen constreñidas por los imperativos comunitarios. Los mismos que obligaron a constitucionalizar en el artículo 135 de nuestra carta magna el pago preferente de los intereses de la deuda respecto a cualquier gasto social.

Los fondos estructurales, los fondos de cohesión y los tan cacareados fondos de recuperación vienen aparejados a una condicionalidad que supondrá engordar nuestros déficits estructurales en competitividad: no abandonar la senda

1. Bernardo de Miguel y Carlos E. Cué, «Holanda exige a España e Italia reformas laborales y de pensiones a cambio de las ayudas», *El País*, 18/6/2020: <https://elpais.com/economia/2020-07-18/holanda-exige-a-espana-e-italia-reformas-laborales-y-de-pensiones-a-cambio-de-las-ayudas.html> y <https://elpais.com/internacional/2020-04-10/wopke-hoekstra-el-rostro-de-la-dureza-frente-al-sur-de-europa-en-tiempos-de-la-covid-19.html>.

de la desregulación laboral ni de la devaluación interna como únicos mecanismos de competencia para un sur periférico y desindustrializado. A pesar de presentarse como mecanismos de solidaridad, esos fondos siguen vinculados a la condicionalidad y están a años luz de un programa de redistribución real, que sería el propio de una unión fiscal y presupuestaria que a Alemania, los Países Bajos y Austria, entre otros, nunca les ha interesado. Ahora que los frugales insolidarios exigen solidaridad a los PIGS[2] —esa denominación tan escalofriantemente reveladora— ante el desastre energético comunitario de los otrora considerados ejemplos de responsable austeridad y previsión, la Unión Europea vuelve a exhibir sus costuras. Ahora que el BCE sube los tipos de interés y los halcones amenazan con un nuevo programa de ajustes, tal vez convenga poner la mirada en el elefante que habita en la habitación comunitaria. ¿Es viable una moneda común sin una integración política real, con tantos y tan agudos desequilibrios? En *Contra el euro*, Martín Seco hace el mejor servicio a la causa de un Estado social europeo. Una de las grandes críticas que se hacen a la moneda común tanto en el libro de Martín Seco como en el de Stiglitz es a la estructura de la UE y de la moneda común. La devaluación competitiva, afirma el que fuera responsable económico de la Izquierda Unida de Julio Anguita, ha sido sustituida a consecuencia de la moneda común por «la devaluación interior, que no es otra cosa que provocar la deflación, la reducción de precios y salarios, aunque, a decir verdad, todo

2. Acrónimo peyorativo (*pig* en inglés significa «cerdo») empleado por los medios anglosajones y de otros países del norte para referirse a Portugal, Italia, Irlanda, Grecia y España, países que sufrieron la crisis de deuda soberana de 2011.

se centra después en los salarios. Este razonamiento es el que subyace en muchas de las medidas y reformas impuestas por Alemania, Fráncfort y Bruselas. Se encuentra, por ejemplo, detrás de la carta que el BCE envió a Zapatero, de las reformas laborales que se han acometido en España o de la petición actual de la troika para que se reduzcan los salarios de los griegos y que estos trabajen también los sábados».

La carta en cuestión data de 5 de agosto de 2011 y es un compendio perfecto de todos los lugares comunes del fundamentalismo de mercado que está ligado con la configuración del euro y con una estructura de la Unión Europea, cuya reforma es ineludible si nos tomamos en serio las políticas sociales y económicas de vocación transformadora que debería propugnar la izquierda —y que, salvo excepciones puntuales, ha abandonado—. «Reformas estructurales», «descentralización efectiva de las negociaciones salariales», «moderación salarial del sector privado», «consolidación presupuestaria» son algunos de los condimentos que siempre conforman la ensalada de jerga tecnocrática que se nos presenta como la vía necesaria hacia el progreso. Más de una década después, y a pesar de los múltiples ejercicios de propaganda política, la subida del salario mínimo interprofesional y la timorata reforma laboral son un escaso botín en la reversión de las políticas de recortes y estrechamiento sistemático del ya entonces maltrecho Estado social.

Si este es un tema especialmente relevante para el presente y el futuro de una política transformadora, llama la atención el clamoroso silencio de las izquierdas. La cuestión europea ha desaparecido del debate público. La carencia de respuestas, además, tiene una contrapartida: la que hegemoniza ese discurso y enarbola la bandera de las insuficiencias del modelo europeo es la extrema derecha, o derecha identitaria y radical. Una miríada de partidos esencialmente reaccionarios, algunos de ellos completamente sometidos a las élites financieras, han sido capaces de construir una retórica incendiaria de los claroscuros de un sistema asimétrico y desequilibrado, en el que principalmente los ciudadanos del sur de Europa experimentan una importante pérdida de derechos y quiebra de horizontes vitales. La extrema derecha ha tendido una mano, tramposa pero efectiva, a los perdedores de la globalización. Por supuesto, el programa de estos partidos no busca la emancipación universalista —es decir, la conformación de espacios políticos democráticos regidos por criterios universales de justicia y libertad y basados en la condición igual de ciudadanos de pleno derecho de todos sus miembros—, sino la segregación identitaria, la búsqueda de esencias nacionales y purezas nativas. Un verdadero espanto. Pero que los populistas de la identidad, como veremos más adelante en lo relativo a las políticas migratorias, sean un verdadero peligro para la democracia no significa que las causas que propulsan a esas opciones, como la desigualdad, la falta de integración fiscal entre Estados, los desequilibrios productivos o las políticas socialmente incendiarias, no deban ser fuertemente criticada si verdaderamente queremos atajar las grietas por las que la inundación identitaria amenaza con hacer naufragar el proyecto de ciudadanía de las izquierdas.

Ferrovial: un cuento... holandés

El debate sentimental generado por la marcha de Ferrovial oscurece el necesario análisis materialista de la cuestión.

Por un lado, se apela al patriotismo necesario del capital y de los capitalistas envueltos en falsas banderas, que terminan por significar poco a la hora de la verdad. Por otro, se pide al Gobierno que muestre afecto y buen trato a sus empresarios, como si la normativa fiscal constituyese un código de buena conducta, sujeto a la voluntad de cada cual. En última instancia, el debate exhibe sus costuras y queda enfangado en maniqueísmos infantiles.

Por supuesto que llama la atención que algunos patriotas de bandera consideren que la nación política es poco más que una colección de símbolos y chascarrillos, porque, cuando de contenido material se trata, practican un «patriotismo» de los Estados social y fiscalmente vacíos que resulta poco sostenible. También llama poderosamente la atención que los que son incapaces de acabar con el *dumping* fiscal interno y lo consideran la quintaesencia de lo progresista frente al nefando centralismo español se quejen de la deslocalización de multinacionales: ¿no era imprescindible garantizar la descentralización normativa dentro de España para ser de izquierdas? ¿Acaso esa descentralización normativa entre Estados no es la que opera en la UE cuando los Estados miembros compiten fiscal y regulatoriamente entre sí? ¿Por qué es reaccionario en los Países Bajos lo que resulta progresista en el País Vasco y Navarra?

Un análisis materialista de la situación hablaría de diseño político y de concentración de capital e internacionalización de los procesos productivos y empresariales. De eso va el asunto. Ferrovial se marcha porque puede, simplemente.

Este gobierno, por mucho que digan los propagandistas de la derecha y los corifeos oficialistas, no ha sido especialmente de izquierdas ni en materia fiscal ni en ninguna otra.

No se ha acometido una reforma fiscal medianamente progresiva, no digamos ya la que necesita España para recuperar y fortalecer su maltrecho Estado social. En cuanto al IRPF, no está ni se espera en la agenda legislativa su reconfiguración como impuesto general y no dual, unificando en la base imponible del impuesto las rentas del capital con las del trabajo. Esta sí sería una propuesta verdaderamente de izquierdas. Molestaría, sin duda, a muchos poderosos, pero cuando uno gobierna no puede contentar a todo el mundo. Seguramente, a la Confederación Española de Organizaciones Empresariales (CEOE) tampoco le agradaría una reforma del despido que recuperase las indemnizaciones por despido improcedente previas a 2012 o los salarios de tramitación, pero de nuevo hay que elegir. Eso es gobernar. Y eso puede y debe hacerse, cuando hay correlación de fuerzas; otra cosa es verificar si la hay realmente. No se trata de hacer la revolución en las formas, llenando de estridencias inútiles el debate público. Es más efectivo ser mesurado en ellas, incluso prudente, y radical en el fondo, en el afán de transformación de las estructuras económicas. Aunque eso «crispe»: gobernar es optar y también crispar, si por crispar se entiende molestar los intereses de clase de quienes pretenden que sus privilegios de origen jamás sean siquiera mínimamente matizados por los poderes públicos.

Ferrovial no se marcha por la asfixia de unas políticas «socialcomunistas» que hayan operado una radical redistribución de la riqueza. Simplemente, lo hace por una cuestión de incentivos, diseño comunitario e internacional, perspectivas e intereses. Las presuntas políticas «socialcomunistas» no existen. Solo una retórica con frecuencia inflamada y estéril. La misma que exige el patriotismo de los empresarios, mientras permite que se privaticen las torres de control, que se liberalice y degrade el servicio de Renfe o que los inspectores de trabajo clamen en sus legítimas huelgas por unos medios de los que carecen para realizar de forma efectiva su imprescindible trabajo de control y fiscalización del fraude laboral. Claro que, si de retórica demagógica se trata, la derecha neoliberal que ha desahuciado de sus fundamentos la idea de bien común no le va a la zaga: hablar de buen trato a los «gigantes nacionales», cuando en España se privatizaron Endesa, Telefónica, Repsol o Argentaria, se trocearon empresas públicas rentables y fuertes sobre sectores estratégicos para que terminaran cayendo en manos privadas o públicas de otros Estados, cae del lado de lo dantesco.

No solo no se ha reformado el IRPF para cerrar la inaceptable brecha entre las rentas del trabajo y las del capital, favorecidas desde hace décadas por el diseño legislativo nacional y también por los incentivos de la globalización económica y financiera, ni se ha llevado a cabo una reforma laboral en profundidad que reforme el despido o las modificaciones sustanciales de las condiciones de trabajo. Tampoco se ha reformado el impuesto de sociedades para acabar con una maraña confusa de deducciones y bonificaciones, sobre todo para las grandes corporaciones que, con un ejército de asesores y abogados de su lado, siempre encuentran cauces efectivos para la elusión fiscal o la «optimización», esa forma educada de convertir el fraude en algo legal, incluso elegante.

Se ha puesto encima de la mesa un par de parches tributarios provisionales. Bien está que se quiera poner el foco en las ganancias extraordinarias de bancos y eléctricas. Aunque la forma seria y no populista de hacerlo es llevar a cabo cambios estructurales que perduren en el tiempo. Así, recuperar la capacidad normativa estatal del impuesto de patrimonio y del impuesto de sucesiones y donaciones tendría todo el sentido tributario y entroncaría con, al menos, una visión socialdemócrata de la política. Crear impuestos análogos, de recaudación tibia, y posiblemente inconstitucionales por invadir, ay, competencias autonómicas, sin rectificar el sinfín de transferencias a las comunidades autónomas que han terminado operando una salvaje competencia fiscal entre regiones, carece de todo sentido..., a no ser que la agenda redistributiva importe menos que mantener las alianzas con los socios nacional-identitarios, los mismos que pueden, en un alarde de simpar hipocresía, criticar el *dumping* fiscal del PP de Madrid —indudablemente inaceptable— y defender una hacienda foral vasca y navarra que quiebra la solidaridad interterritorial.

En fin, Ferrovial no se marcha porque nadie la asfixie. Al revés, esos pretextos son mentira. Las políticas llevadas a cabo en muchos casos no llegan ni a socialdemócratas. Se quedan cortas, cuando van en la buena dirección; y cuando se entregan a la agenda identitaria, conllevan efectos secundarios muy nocivos para la igualdad y la redistribución. Ferrovial se marcha porque puede, porque le interesa y porque le sale rentable.

La única forma de que nada de esto ocurriera es que el desaguisado del Acta Única y de Maastricht se hubiera corregido hace mucho tiempo. Algunos economistas como Piketty han reconocido con claridad la naturaleza del error:

> No deberíamos haber firmado tratados económicos y comerciales que permitieran la libre circulación de bienes y ser-

> vicios sin posibilidad de regulación impositiva. Fue un error, era el clima ideológico reinante en los ochenta y en los noventa, pero fue un error, en particular el Tratado de Maastricht del 92.[3]

La unión monetaria y de libre circulación de capitales jamás se debería haber configurado sin su condición necesaria e imprescindible: una unión fiscal y presupuestaria verdadera, en el contexto de una unión política. No lo dijo el representante de ninguna célula marxista-leninista, sino alguien tan reformista como Stiglitz. Y en España, ante el estigma generalizado, Juan Francisco Martín Seco, por aquel entonces, como representante económico de Izquierda Unida. Nadie escuchó. Sin cumplir los requisitos de una zona monetaria óptima, los desequilibrios entre países y regiones en la unión monetaria son una realidad indiscutible, incluso para los más dogmáticos fundamentalistas de mercado. La unión fiscal no son tibios conatos de déficit conjunto o de mutualización de la deuda; es mucho más que eso. Para empezar, habría de sustentarse sobre un diseño que impida la dantesca competencia fiscal entre regiones y Estados que está poniendo en peligro la «seguridad jurídica», los «derechos» y las «condiciones óptimas» de vida de millones de personas. Como siempre, cuando se legisla y se gobierna, toca elegir. Y en esa elección, es imposible contentar a todos. De aquellos polvos, estos lodos. Lo demás es, simplemente, un cuento... holandés.

3. Esteban Hernández, «Piketty: "Firmar el Tratado de Maastricht fue un error, y yo voté a favor"», *El País*, 12/12/2019: <https://www.elconfidencial.com/economia/2019-12-12/thomas-piketty-capital-ideologia-ue-fiscalidad_2371480/>.

Hacia un capitalismo antidemocrático

En su obra *Capitalismo, nada más. El futuro del sistema que domina el mundo*, Branko Milanović continúa el análisis de las desigualdades generadas por la globalización, después de su célebre *Desigualdad mundial.* Advierte de la decantación del modo de producción capitalista hacia las formas de una verdadera plutocracia, un sistema en el que no solo gobiernan los ricos, sino que las reglas se definen de tal forma que las únicas voces que encuentran espacio en la deliberación pública son las que vienen respaldadas por el poder del dinero.

Es saludable hacernos la pregunta clave sobre la compatibilidad última entre capitalismo y democracia. Normalmente, se ha asumido el sintagma «democracia liberal», como si los principios liberal y democrático no hubieran mantenido profundas tensiones históricas. El gobierno de los «nadie», esto es, la democracia, que tiene como fundamento innegociable la libertad de los pobres, de los que nunca han sido libres, casa mal con los fundamentos limitativos del poder político que propugna el liberalismo clásico, cuyo abstencionismo político encontraba mejores respuestas en fórmulas censitarias —y antidemocráticas— de participación. Si avanzamos desde el liberalismo clásico hacia formulaciones hayekianas, nos encontramos igualmente una posición refractaria a la democracia, una preferencia por un sistema de «demarquía», en la que cualquier control político de la economía o de progresividad fiscal es considerado una fórmula nociva que ha de censurarse en favor de la fuerte limitación del poder del Estado. En última instancia, la deliberación colectiva y participación de todos en el gobierno de la comunidad política nos lleva, para el economista austríaco, al «camino de servidumbre». Sí, hay un liberalismo profundamente antidemocrático.

Una de las claves aportadas por Milanović en su crítica de la evolución plutocrática del capitalismo es la denuncia de las concentraciones de capital. Quizás ese es el gran tema de nuestro tiempo, inabordable dentro de las propias dinámicas del capitalismo financiero —él habla de capitalismos, y señala un capitalismo político sin atisbo de democracia— que rige los designios del mundo. O, por ser más precisos, difícil de abordar: sobre todo, por la falta de instrumentos políticos diseñados para una gobernanza verdaderamente democrática de la económica y por la falta de voluntad política. Aboga Piketty por el paso de un Estado nación social a un Estado global social. No parece tarea sencilla.

Hoy, ante el escalofrío inevitable de sentirnos atrapados en un *déjà vu* insoportable frenta a las recientes quiebras de entidades financieras en Estados Unidos, es injustificable cultivar una aquiescencia acrítica ante un sistema económico incapaz de dotarse de mecanismos de regulación financiera efectivos. Parece que las dinámicas están abocadas a repetirse, en ciclos económicos cada vez más cortos: crisis en el sistema financiero y rescate estatal. Para luego volver a empezar.

La solución política no es sencilla, pero desde luego exige que las izquierdas empiecen a tener una voz racional, y aborden, con vocación transformadora, los grandes temas pendientes de nuestro tiempo. Hay que adentrarse en un análisis exhaustivo de la política industrial, muy deficiente en España, como esperanzadoramente están haciendo investigadores españoles como los de Future Policy Lab, en un trabajo para no perder de vista: «El regreso de la política industrial».

A mi juicio, la reindustrialización es una tarea pendiente tan imprescindible como complicada de implementar. No puede perderse de vista la debilidad de nuestro país en las estructuras políticas comunitarias. Con frecuencia se trata de pasar por alto el diseño comunitario, como si nada hubiera tenido que ver este con la durísima reconversión industrial llevada a cabo en España. La división internacional del trabajo relega a nuestro país a un papel subalterno, de economía de servicios y turismo, terciarizada en su modelo productivo, con una productividad muy deficiente y problemas estructurales de estancamiento salarial y de precariedad alarmante. Nada de eso constituye una «condena divina», pero corresponde analizar el margen de maniobra real que existe. Eso nos debe remitir a hablar de la estructura política comunitaria, de la falta de instrumentos políticos, fiscales y presupuestarios para corregir los desequilibrios entre países con superávit en su balanza de pagos y los países con déficit. El desequilibrio entre Estados sigue siendo un ingrediente esencial para entender la brecha productiva entre el sur europeo periférico y un norte hegemónico. Como veíamos en el capítulo anterior, la desindustrialización en España, cuyos estragos fueron tan magistralmente retratados en *Los lunes al sol* por el cineasta Fernando León de Aranoa, son indisociables de la inserción española en la Unión Europea. Subrayar lo anterior no persigue la finalidad de cultivar un soberanismo nostálgico del fordismo, esfuerzo estéril por ser un tiempo que difícilmente volverá, y, en caso de producirse un repliegue frente a las deslocalizaciones de las economías abiertas, tal vez su guion no tenga nada de democrático ni socialista, sino que sea capitalizado por fuerzas reaccionarias. Pero sí es conveniente asumir las grandes contradicciones que buena parte de nuestra izquierda trata de regatear y eludir: la política industrial está constreñida en el momento presente por la fuerte deuda pública que arrastramos, junto con el resto del sur comunitario; así como por la realidad de una economía abierta y globalizada.

Es cierto que un indicador de esperanza es la situación límite de la propia Unión Europea: hace falta reaccionar coordinadamente para no disiparse por el sumidero de una gran recomposición global, con dinámicas políticas y económicas que algunos han denominado como de «relocalización» de los procesos productivos. Para ello, hace falta tener una estructura política sólida y robusta. Y eso desde luego no se consigue con un presupuesto raquítico, en el que los fondos, sea cual fuere el apellido que los acompañe, no constituyan transferencias reales sobre una fiscalidad común, sino préstamos con intereses y condicionados a recortes, socialmente incendiarios y económicamente inútiles. La propia autonomía estratégica no pasará de eslogan sin un presupuesto común que la refrende y dote de realismo. De nuevo aquí, la denuncia de la ausencia de una unión fiscal y presupuestaria no es un capricho, sino la crítica más ajustada que puede hacerse en términos reales a la Unión Europea.

Deberíamos aceptar, como premisa de partida, que España, en efecto, se ahoga si pretende vivir solo del turismo, de la hostelería o del sector servicios. Necesitamos una política industrial seria y contundente. Pero el papel del Estado no puede limitarse a la subsidiariedad, ni al carácter difuso de una colaboración público-privada, que suele terminar traduciéndose en la subordinación de la utilidad pública a los intereses privados. Necesitamos, en efecto, utilizando el ya demasiado manoseado concepto de Mariana Mazzucato, «un Estado emprendedor» que participe en la generación de valor añadido, para lo cual se requiere inversión suficiente en investigación, innovación y desarrollo, condiciones laborales dignas para sus investigadores y no emigraciones forzosas. Es la pescadilla que se muerde la cola: si el Estado no participa en primera persona en el proceso productivo, los réditos que se obtengan no repercutirán en el conjunto de la población. Otra clave para democratizar un sistema económico crecientemente plutocrático es desconcentrar las inéditas concentraciones de capital generadas. Necesitamos a trabajadores en los consejos de administración de las empresas y leyes que garanticen la competencia, que actúen frente a los monopolios tecnológicos, que están doblando el pulso a los Estados democráticos.

Todo ello es muy difícil de llevar a cabo en el marco de un capitalismo de casino, con Estados brutalmente endeudados, sobre todo debido a diseños políticos disfuncionales y rescates financieros onerosos. Las soluciones deben coordinarse a escala global, y esto parece hoy una quimera. La alternativa, sin embargo, es el abismo. El abismo al que nos conduce un capitalismo plutocrático, donde formalmente las oportunidades se reparten a lo largo y ancho del planeta, mientras que el pacto capital-trabajo allí donde consiguió aquilatarse salta por los aires, la brecha crece entre las concentraciones de capital citadas y unas rentas del trabajo depauperadas y se extiende hacia otras brechas más visibles que nunca: brechas territoriales entre núcleos urbanos integrados en la economía global que propugnan verdaderes «secesiones de los ricos» y zonas deprimidas demográfica y económicamente, daños medioambientales de profundo alcance, así como una clara emancipación de la economía financiera y especulativa respecto de la economía propiamente productiva. Necesitamos no solo desconcentrar el capital, sino también ser ambiciosos en el plano redistributivo: se hace imprescindible aumentar de forma urgente y sustancial la tributación del capital, de los grandes patrimonios, de las multinacionales y, sí, aunque sea muy impopular, de las herencias. Precisamente frente a la estratificación neofeudal de un capitalismo que, sin embargo, conduce a las sociedades hacia crecientes guetos entre clases sociales. ¿Qué meritocracia es esa que transige con la tiranía del origen? Estamos ante una verdadera crisis civilizatoria y la solución no puede consistir en repetir cíclicamente los mismos errores del pasado, esperando a un espectral orden espontáneo en forma de mercado transnacional capaz de sanearse a sí mismo, sin interferencias políticas. Eso sí es una quimera, aunque en sustentar semejante ficción se jueguen pingües intereses y beneficios muchos de los poderosos que en el mundo siguen ganando.

Neoliberalismo para todos los públicos

Si hay algo transversal en la sociedad española es el aprecio hacia ciertas palabras que generalmente operan como sortilegios, con un indudable poso mágico. Una de ellas es «emprendimiento». Cuando se habla de emprendedores, no se estila poner el foco en la complejidad del asunto. Menos aún en el fracaso: cuántos se tragaron el cuento de que esto iba de talento y voluntad y se dieron de bruces con la cruda realidad. Se tira de recurso fácil: el tipo en el garaje, la cultura del individuo hecho a sí mismo. La imagen representa más bien un gag que algo verosímil y serio, pero vende bien. Entronca con una sociedad inmediatista, aquella en la que entre estímulo y resultado se cuentan escasos segundos. En la sociedad líquida del espectáculo, hablar de ingentes sumas de dinero público, de Estados que, a veces a través de su industria militar, contribuyeron a hacer posible esos procesos de creatividad empresarial, allá donde el capital privado no podía o quería llegar, tal vez venda menos. Es paradójico como, incluso, entre las izquierdas se ha expandido el concepto que ha terminado por desplazar la centralidad del trabajo en términos de transformación colectiva. El malbaratamiento neoliberal de la palabra «trabajo» se ha hecho especialmente grave en diversas manifestaciones. Constantemente, asistimos a consignas propagandísticas que ponen el grito en el cielo cada vez que amaga una huelga menos timorata de lo que estos tiempos posmodernos nos han acostumbrado. Parece que los trabajadores deben estar agradecidos a los titulares de los medios de producción por darles una oportunidad y que cualquier reivindicación de derechos está mal vista. Con semejante lógica, aún subsistiría el trabajo infantil y jamás habríamos alcanzado el descanso semanal obligatorio, el poder de la negociación colectiva, las cuarenta horas semanales o las vacaciones remuneradas. Algunos se olvidan de una clásica marxista no especialmente desmentida en los últimos tiempos, aunque las formas e instrumentos de trabajo se tecnifiquen y se hagan cada vez más complejas: no por ello resultan más liberadoras para los que no cuentan con otro patrimonio que su fuerza de trabajo; la extracción de plusvalía sigue siendo una realidad tangible que explica de una forma fidedigna las relaciones laborales. Los derechos, por tanto, no operan en el plano de las concesiones o dádivas, no son regalos, sino resultado de complejos procesos históricos, no exentos de conflictividad laboral, de huelgas y manifestaciones. La huelga de La Canadiense, a principios de siglo xx, hito icónico para la instauración de la jornada laboral de cuarenta horas, no fue una balsa de aceite, pero es que los derechos, como muestra la experiencia histórica, no son regalos ni son irreversibles.

En la decantación neoliberal de la sintaxis, la devaluación del trabajo entronca con la entronización del concepto de voluntariado. Cuestionar el concepto de voluntariado tiene mala fama. Ahí va la paradoja: en una sociedad en la que el bien común se ha degradado por todos los frentes, donde un sistema fiscal progresivo está cada vez peor visto, sin embargo, las apelaciones al voluntariado ganan fama por momentos. ¿Quién iba a estar en contra del espíritu altruista en plena nevada? ¿Por qué te molesta que los vecinos cojan una pala para recoger la nieve de la calle? ¿Cuán amargado tienes que estar? Todo se psicoanaliza y se proyecta a un plano sentimental por si alguien quisiera extraer una lectura política. Pero ni siquiera hace falta extraerla, la lectura va de suyo. Lógicamente, para que haya sociedad tiene que existir monopolio de la fuerza por parte del Estado y coerción aceptada por todos a través de las leyes: sin ellas no hay cauce para el bien común. El altruismo personal puede ser complementario, pero nunca suplementario de los mecanismos sociales que, nos guste más o menos, gestiona el Estado como instrumento que garantiza los derechos dentro de la comunidad política. Los servicios públicos no son un capricho. El mundo del trabajo no es una quimera. A quien reprocha nostalgia por regresar a parámetros fordistas a los que defendemos el trabajo y el derecho laboral, yo le contesto diciendo que no hay nada más anacrónico que tratar de blanquear un contenido de esclavitud descarnada a través de un continente tecnológico e hipermoderno. La neoesclavitud tecnológica no deja de ser esclavitud. Hoy sin fábricas dickensianas, pero con repartidores y *kellys*.

Cuando se apela a la libertad entre desiguales, al «sálvese quien pueda» más crudo, y se presenta esa alternativa como imperativa frente a una presunta amenaza comunista en verdad inexistente, se vierte un mensaje tendencioso, ideológicamente maniqueo, profundamente polarizador de la sociedad y eminentemente falso.

El corto siglo XX, como lo llamó el historiador Hobsbawm, terminó con la caída del muro de Berlín en 1989 y de la URSS en 1991. El bloque del Este se derrumbó con estrépito dejando a su paso un reguero de oscuridades, pero también algunas luces esenciales que ahora tratan de ocultarse, al servicio de la conveniencia ideológica hegemónica. Entre otras, un fuerte entramado de derechos sociales, económicos y políticos para la clase trabajadora de Europa occidental. Una verdadera transformación, desconocida antes y después en la historia, en las condiciones materiales de vida de millones de personas, inentendible sin el movimiento obrero y sin el socialismo. Tampoco sin el bloque del Este. Guste más o menos, esa es la realidad, y esta choca con los prejuicios, no entiende de mantras de campaña electoral o de tuits para perpetuos adolescentes políticos y vitales.

Las vacaciones pagadas, la prohibición del trabajo infantil, el derecho de huelga, el descaso semanal, las jornadas laborales de ocho horas, los sistemas de seguridad social y todos y cada uno de los cimientos del estado de bienestar responden a un concreto pacto capital-trabajo, que se cimenta en los postrimerías de la Segunda Guerra Mundial, que se consolida en la Guerra Fría por el choque de bloques y el temor real del capital a un contagio revolucionario en la Europa occidental, y que empieza a resquebrajarse claramente con el ocaso de la Unión Soviética y el desembarco de la contrarrevolución neoliberal que, desde los años setenta y ochenta del corto siglo xx, empieza a permear todas las capas de la sociedad occidental, con una traslación efectiva en políticas públicas muy regresivas.

Cuando en las homilías de las ondas nos animan a ser emprendedores, frente a la asfixia de un Estado burocratizado e inhabilitante en el que sobran funcionarios y su mentalidad conservadora —la de conservar derechos, se entiende—, aunque se presente de forma aséptica y neutral, se vende ideología. Se apela a un individuo desligado de sus condiciones materiales, a un individuo autónomo cuya acción empresarial depende en exclusiva de él, y en la que su contexto social no importa o no debe importar, porque de importar lo haría de forma nociva, en la forma de un Estado que bloquea y desangra a través de los impuestos, tantas veces presentados como un desfalco a un individuo con legitimidad primigenia, cuyos derechos al parecer flotan en el vacío.

Todo ello es ideología y no es inocua. Como también lo es la sibilina adulación al fenómeno de ese oxímoron que responde al nombre de trabajo voluntario frente al cual quien ose discrepar se convierte en un egoísta, un raro o un peligroso rojo. Términos como «ayudar» o «colaborar» —he ahí el fenómeno de ensuciamiento que se ha hecho sobre la presunta economía colaborativa, que hoy encubre dinámicas descarnadamente competitivas— se utilizan al servicio de causas con frecuencia espurias. En el caso del voluntariado, para socavar puestos de trabajo. Coger tu pala o echar una mano en la limpieza de la ciudad pueden ser comportamientos loables, pero descubren un reverso más que tenebroso cuando se convierten en exigencias de organización social, al tiempo que se externalizan contratos para pagar lo menos posible a los trabajadores que deben desempeñar esas prestaciones o se recorta en servicios públicos.

En algunas tertulias es frecuente toparse con profetas del libre mercado pedir que profesores jubilados dieran clase en plena pandemia. Lo que fuera antes que contratar a nuevos funcionarios. Aquí el mito negativo del funcionario sigue operando: sobra, es un vago, es ineficiente. Resulta curioso que dicha apología de un mercado presuntamente libre descarrila por las vías de la incoherencia cuando se exige al Estado —¡a quién si no!— la prórroga de los ERTE *sine die* —con sus bonificaciones a las cuotas empresariales de la Seguridad Social, que aumentan la deuda estatal— o, incluso, ayudas directas a las empresas. ¡Mientras que se solicitan rebajas fiscales! ¿Ayudas directas del Estado y rebajas fiscales? Tarifa plana para que Amazon, Facebook y Google sigan sin pagar un mísero impuesto en nuestro país mientras manejan a discreción nuestros datos personales e información, mientras que se exige del pérfido Estado —con una deuda galopante e hiperbólica— ayudas directas y menos ingresos tributarios. Un genuino disparate.

Cabe realizar aquí un inciso sobre el enorme desafío que supone para los derechos fundamentales de las personas el desarrollo tecnológico sin un verdadero control democrático de este. Esta línea de pensamiento ha sido desarrollada entre otros por el catedrático de Filosofía del Derecho Rafael Rodríguez Prieto, quien, en diferentes trabajos, ha alertado sobre los problemas que en términos de derechos fundamentales supone internet. Sin dejar de subrayar sus enormes potencialidades transformadoras y el progreso de los avances tecnológicos, mal haríamos en ignorar el riesgo que supone el control económico de los datos personales de millones de ciudadanos por agencias de inteligencia de Europa y Estados Unidos. Contrasta esta vulneración sistemática de la privacidad y el derecho a la intimidad de las personas, que se produce con frecuencia bajo condiciones capitalistas, con el discurso liberal imperante que suele adornar el *marketing* hegemónico con la presunta defensa de los derechos individuales, advirtiendo hasta un extremo casi hilarante sobre los peligros de las injerencias estatales en la vida de las personas. Ciertamente, hoy el Gran Hermano con mayor capacidad para vulnerar esa privacidad y el derecho a la propia imagen viene constituido por grandes corporaciones transnacionales privadas, con mucho mayor poder que el de los propios aparatos estatales. Así lo señala Rodríguez Prieto en esta entrevista:

> No podemos olvidar que Twitter es una empresa con ánimo de lucro que entró en Bolsa. La propaganda oficial es que Twitter es una plaza pública para la deliberación, pero

> esta empresa usa sus datos e, incluso, puede controlar lo que se dice. Nosotros intentamos aportar una metodología para el análisis de las relaciones de dominación y poder en internet. A los procesos y tendencias que limitan y mercantilizan internet les llamamos dictanet y a los que ayudan al intercambio de ideas, conocimientos y a desarrollar las posibilidades democráticas de la herramienta les llamamos free(share) net. Es muy preocupante la posición dominante de algunas empresas en internet. Google, por ejemplo, maneja el 80 % del mercado. Destruir el libre mercado y la libre competencia solo nos puede conducir a un internet más controlado y reducido.[4]

En nombre de la deliberación y de la libertad de expresión, se articulan foros de debate controlados por empresas privadas que someten lo que allí se dice a sistemas también privados de arbitraje y censura, socavando las propias jurisdicciones de los Estados de derecho, o bien aprovechando las numerosas cláusulas opacas que firmamos a diario por internet, en esas mismas plataformas digitales, para someternos a arbitrajes en las más variopintas jurisdicciones internacionales, sin otro consentimiento del usuario que el de la adhesión con frecuencia involuntaria a condiciones leoninas y abusivas, unilateralmente impuestas por dichas empresas. En nombre de la libre competencia, el capitalismo neoliberal ha patrocinado concentraciones de capital y abusos de la posición de dominio inéditos en la his-

4. Luis Sánchez-Moliní, «La verdadera identidad de Europa es la sanidad pública, no Carlomagno», *Diario de Sevilla*, 22/1/2017: <https://www.diariodesevilla.es/rastrodelafama/verdadera-identidad-Europa-sanidad-Carlomagno_0_1102090474.html>.

toria. Ni que decir tiene que dichas concentraciones de capital no son combatidas por un poder político reducido a la circunscripción nacional, cuando no a la fragmentación regional. En el mejor de los casos, algunos amagos desde plataformas geopolíticas supranacionales que son, sin embargo, muy tímidos en su alcance, por cuanto suelen carecen del poder ejecutivo para tutelar los derechos fundamentales de los ciudadanos. En nombre de la libertad de las personas para desarrollar sus vidas sin interferencias de ningún tipo, encontramos con frecuencia vidas completamente cautivas donde la privacidad se convierte en una quimera, un escaparate permanente en el que ni el descanso ni la desconexión digital pasan de ser directrices en un papel mojado. Buen ejemplo de lo anterior es la desgarradora película de Ken Loach *Sorry we missed you.* En ella se observa cómo los avances tecnológicos sin estar sujetos a criterios de control democrático y de bien común, sin estar guiados por la utilidad pública y por el escrupuloso respeto a los derechos fundamentales de las personas, pueden transformarse en meros instrumentos de explotación laboral descarnada, en un contexto de «uberización», donde la hiperconexión digital supone el emborronamiento de límites entre jornada de trabajo y descanso, días de actividad y vacaciones, disponibilidad acotada por horarios y sujeción ininterrumpida a un sistema de explotación y abusos sistemáticos.

La sustitución del derecho laboral como esfera ordinaria de la estructura productiva de un país por una suerte de introducción con calzador del derecho mercantil en las relaciones laborales no es una propuesta inocente. Se trata de aplicar criterios de mercado que den prioridad a la libertad entre desiguales, donde deberían primar los derechos laborales, la representación sindical y la protección de la parte más débil. Con el auge de un concepto falaz e ideológico de emprendimiento, que está dejando por el camino a demasiados bienintencionados que compraron el cuento de hadas del individuo ajeno a condicionantes sociales que podía valerse por sí solo, se arrincona la aplicabilidad del derecho del trabajo, crecientemente estigmatizado como un residuo de una época superada. Reclamar su vigencia hoy te ubica en la nostalgia de un tiempo muerto, presuntamente, y que sin embargo pretende ser reemplazado por un preocupante y distópico *matrix* que conjuga progreso tecnológico con pingües ganancias para unos pocos y dramáticas condiciones laborales para la mayoría. Mientras se impugna la solidaridad real garantizada a través de impuestos progresivos y servicios públicos —presupuesto ineludible para una noción de libertad que sea algo más que la caricatura electoral—, se lava la mala conciencia de los próceres del «sálvese quien pueda» alentando un voluntariado torticero en el que el trabajo se convierte repentinamente en una prestación gratuita. Después de la buena obra, a tratar de sobrevivir y cubrir tus necesidades materiales más acuciantes. Porque tal vez mañana seas tú el que precise de la dádiva altruista y sustitutoria de verdaderos derechos, en una sociedad cada vez más injusta. El neoliberalismo para todos los públicos suele lucir con una mueca cruel, aunque nos cuenten que es una sonrisa y que hay motivos para sonreír.

Es por ello frustrante cuando la izquierda, tanto en su vertiente más reformista como en la más transformadora, capitula ante un sistema económico que tiene una influencia directa en los rasgos culturales hegemónicos, profundamente individualistas. En el caso de la socialdemocracia, sus vaivenes de tercera vía y su aceptación a veces acrítica y burda de la desregulación sigue asomando, aunque en teoría estemos en un tiempo nuevo, en el que las propias instituciones del capitalismo saben que los mercados perfectos forman parte en exclusiva de los libros de economía y casan mal con la realidad. A pesar de eso, los ejemplos de fe ciega en el mercado asoman con frecuencia detrás de siglas que se presuponen de izquierdas. Hace no tanto, el candidato socialista a la presidencia de la Comunidad de Madrid, Juan Lobato, se mostró contrario a cualquier fijación de precios en el mercado de la vivienda, donde a su parecer debe operar en sentido estricto la oferta y la demanda, y permitir que sea el mercado el que se autorregule. No era una conferencia del Instituto Juan de Mariana o una vieja ponencia de algún preboste de la Mont Pèlerin Society, sino las declaraciones de un candidato, al parecer, socialista. Es revelador cómo algunos tienen una concepción tan paupérrima y mercantilista de los derechos sociales. El principio republicano de libertad como «no dominación» decae en el mismo momento que cientos de miles de conciudadanos carecen de cobertura en sus condiciones materiales más básicas. Tener un techo donde guarecerse, contar con la capacidad mínima para acceder a un bien de primera necesidad como es una vivienda, parece algo más que el adorno prescindible que retratan algunos fundamentalistas de mercado que siguen asomando detrás de siglas pretendidamente de izquierdas.

Añadiremos, simplemente, que España en el año 2020 contaba con un 2,5 % de vivienda pública sobre el total de vivienda construida, en la posición decimoctava de la Unión Europea. De nuevo aquí opera un tándem hegemónico en las últimas décadas dentro de la izquierda: el juego de suma cero que con frecuencia llevan a cabo socioliberales y populistas. Mientras unos terminan imponiendo sus políticas socialmente decepcionantes, del todo aquiescentes con las estructuras económicas del capitalismo financiero, o incluso devotas de un mercado que sigue elevado por la escolástica neoliberal a un altar de omnisciencia en el que solo puede mantenerse con abstracción del principio de realidad y grandes dosis de dogmatismo y superstición, los populistas —ni socialdemócratas clásicos ni representantes de una izquierda transformadora de verdad— combinan su retórica inflamada y demagógica con políticas igualmente insuficientes o de naturaleza más bien errada. Se advierte contra capitalistas como Juan Roig, presidente de Mercadona, pero no se reforma el IRPF para devolverle su carácter de impuesto general y garantizar que las rentas del capital tributen mucho más que en la actualidad. Se anuncia una ley de vivienda para acabar con la especulación del suelo, y, a pesar de algunos avances, no se pone dinero suficiente para una construcción de vivienda pública imperiosa y que sería la manera efectiva de aumentar la oferta y de reducir precios. Se presume de intenciones grandilocuentes como las de tomar el cielo por asalto, pero finalmente se implementa una reforma laboral que recibe los parabienes de la CEOE, incluso de la FAES (Fundación para el Análisis y los Estudios Sociales). No se abre la puerta a la intervención pública de sectores estratégicos, más que necesaria tras la dogmática privatización de empresas públicas rentables como Endesa, Telefónica o Repsol.

Cunde la sensación de que hay más de retórica que de transformación en las políticas públicas que forman parte de la agenda política del gobierno más a la izquierda de la democracia.

3

La cruzada contra el universalismo: ¿qué fue del compromiso de la izquierda con el laicismo y la ciudadanía?

En el año 1996, el historiador marxista Eric Hobsbawm alertaba, en una célebre conferencia, sobre cierta deriva particularista en la izquierda. Tras analizar las relaciones entre el crecimiento de los sentimientos identitarios y la quiebra de la clase social o del Estado nación, se sumergía en una reflexión coherente con los tiempos que corren: la relación de los grupos de identidad con la izquierda. El gran historiador británico lo formulaba así:

> Sin duda, los grupos de identidad no eran fundamentales para la izquierda. Los movimientos sociales y políticos de masas de la izquierda, es decir, los inspirados por las revoluciones americana y francesa y por el socialismo, eran a decir verdad coaliciones o alianzas de grupos, pero lo que les mantenía unidos no eran los objetivos específicos de cada grupo, sino grandes causas universales a través de las cuales cada grupo creía que podría llegar a ver realizados sus objetivos particulares: la democracia, la república, el socialismo, el comunismo o lo que sea.

Hobsbawm no se oponía al reconocimiento de derechos a ningún grupo, sino a la quiebra del horizonte universalista que algunas causas identitarias conllevan. Y lo hacía con una elocuencia y brillantez envidiables:

> Así pues, ¿qué tiene que ver la política de la identidad con la izquierda? Permítanme decir con firmeza lo que no debería ser preciso repetir. El proyecto político de la izquierda es universalista: se dirige a todos los seres humanos. Como quiera que interpretemos las palabras, no se trata de libertad para los accionistas o para los negros, sino para todo el mundo. No se trata de igualdad para los miembros del Club Garrick o para los discapacitados, sino para cualquiera. No se trata de fraternidad únicamente para los ex alumnos del Eton College o para los gays, sino para todos los seres humanos. Y, básicamente, la política de la identidad no se dirige a todo el mundo, sino solo a los miembros de un grupo específico. Algo perfectamente evidente en el caso de los movimientos étnicos o nacionalistas.

Veintisiete años después de aquella conferencia, la tesis no puede tener más vigencia. Las políticas de la identidad avanzan de forma inexorable. Cada vez que a alguien se le ocurre recordar la vieja advertencia del sabio historiador británico, las clásicas «palabras policía» acallan el debate. Los hombres de paja son muchos y diversos: sobre todo aquel que apunta a la supuesta voluntad, teóricamente compartida por todos aquellos que criticamos el identitarismo de izquierda, de negar los derechos civiles de cualquier colectivo. No existe falacia mayor. Cuando uno lee y escucha estos argumentos rudimentarios, se pregunta, como hice en público en el debate celebrado en el programa *Gen Playz* (canal digital de RTVE) el 8 de junio de 2021, si también Eric Hobsbawm sería hoy considerado un reaccionario.

Esta falacia se ha utilizado para silenciar cualquier intento de debate racional. En diversos artículos se han propuestas listas censoras, en una suerte de macartismo de nuevo cuño, de tintes posmodernos pero idéntica vocación totalitaria que el originario delirio anticomunista. Se trata de señalar al disidente de la ortodoxia cultural dominante. La única continuidad reconocible en las listas propuestas es la deshonestidad intelectual. En el listado de presuntos reaccionarios se incluyen socioliberales, marxistas-leninistas, personas de moral conservadora, laicistas confesos, marxistas analíticos o socialdemócratas clásicos. No se trata de agruparlos por una especie de coincidencia coyuntural o estratégica frente a un supuesto adversario común, sino de conformar una categoría tramposa, un verdadero *totum revolutum* de perfiles híbridos y divergentes, y simular una presunta convergencia política para caricaturizarla mejor. El hombre de paja rojipardo a veces se convierte en «tradicionalista», puesto que los adjetivos son, además de burdos, bastante variados. Como ocurre con los conceptos difíciles, cuando se aplica a todo el mundo, el significante se queda completamente vacío y carente de todo significado. Lo triste es que, a buen seguro, detrás de la crítica a las políticas de la identidad se esconden envites reaccionarios frente a la ampliación de derechos civiles a grupos sociales excluidos y marginados a lo largo de la historia —conquistas, por cierto, que se pueden defender con mucha más coherencia desde las coordenadas universalistas que aquí sostenemos—, y la estrategia de embarrarlo todo impide diferenciar esas posiciones de otras que, lejos de defender ninguna tradición o paraíso perdido amenazados por la ampliación de derechos, vienen a advertir de los peligros estériles de políticas a menudo más representativas que transformadoras, así como de la quiebra de la vocación de transformación colectiva que Hobsbawm señalaba en su conferencia.

Hace un tiempo, mantuve una conversación bastante surrealista con un periodista. Buscaba fuentes que confirmaran sus prejuicios. Me solicitaba opinión sobre un partido político que, por lo visto, también se encuentra inserto dentro de la categoría rojiparda. Al parecer, quien escribe es una voz autorizada porque tanto *El Jacobino —think tank* de izquierda ilustrada, universalista y centralista, que se funda en julio de 2020 como canal de YouTube— como yo mismo formamos parte de la constelación. Aunque el reportaje no era sobre nosotros, a efectos de encuadrarnos, la primera pregunta formulada era sobre la izquierda tradicionalista que, según su criterio, daba por hecho que representábamos. La primera en la frente. Le invité a reflexionar: una alternativa política defensora de la impugnación de los acuerdos con el Concordato, radicalmente laica, crítica con la educación concertada, defensora de los plenos derechos de las mujeres, del matrimonio igualitario y de la adopción de parejas homosexuales, ¿exactamente qué tiene de tradicionalista? A no ser que por ello se entienda la pretensión igualitaria de barrer con tradiciones al parecer indiscutibles para algunos autoproclamados progresistas: los derechos históricos de los territorios forales, por ejemplo, que, aun siendo una manifestación genuina de la reacción más tradicional, en España constituyen una línea roja si no quieres ser considerado tradicionalista. No es que el lector se haya perdido, es que en España el mundo de las ideas a veces parece completamente enloquecido.

A medida que se me formulaban preguntas, el entrevistador apenas podía disimular su perplejidad. Resultaba que nosotros —terribles fachas, carcas reaccionarios de la *izquierda tradicionalista*— éramos unos simples laicistas republicanos partidarios de denunciar el Concordato y de sacar cualquier enseñanza religiosa de la escuela pública. Ocurría, al contrario que los perjuicios de partida, que la única tradición que nos afanábamos en preservar era la de la izquierda universalista que defendía Hobsbawm. Resultaba que, lejos de proyectar hagiografías sobre la España de los años sesenta, setenta y ochenta, no echábamos de menos ninguna realidad social en la que la mujer estuviera jurídica y materialmente subordinada al hombre, y despreciábamos profundamente la España gris y moralmente lejana del nacionalcatolicismo. A lo que no estábamos dispuestos era a renunciar a los ideales ilustrados de la izquierda ni abdicar de nuestra ambición de una España de ciudadanos libres e iguales. ¿Qué tenía eso de reaccionario, de tradicionalista? El hombre de paja está exento de prueba racional y empírica; opera en el campo de la mera difamación. Los adjetivos tramposos apenas revelan incomodidad ante la perspectiva de perder una posición de poder.

Atrapados en la maraña identitaria

Al igual que Hobsbawm, especialmente preciso en la denuncia del sacrificio de lo común, otro de los autores que mejor ha explicado las derivas identitarias del progresismo

—en este caso centrándose en el ámbito estadounidense— fue el politólogo Mark Lilla, en su obra *El regreso liberal*.

La tesis, bien conocida, gira de nuevo en torno al abandono de un proyecto capaz de interpelar al conjunto de la sociedad, proponiendo cambios o transformaciones para la integridad de los ciudadanos, no para una serie de grupos concretos o minorías. El abandono de un proyecto de «lo común» está en el epicentro de las derivas identitarias que, con la intención de una presunta asunción de la diversidad cultural, se han despegado demasiado de las clases trabajadoras, que han visto cómo el discurso de las fuerzas progresistas dista de ofrecerles respuestas válidas para sus problemas de clase, de redistribución o de falta de libertad real, o, simplemente, se trata de un discurso que no las interpela. En esas bolsas de excluidos sociales, a los que unas fuerzas progresistas sometidas al marco identitario directamente no prestan atención, más focalizadas en preocupaciones posmateriales y ajenas al clásico conflicto capital-trabajo, han aparecido políticos reaccionarios, como es el caso de Donald Trump o de las fuerzas de la derecha radical o identitaria europea, que ofrecen respuestas populistas y engañosas a los múltiples desposeídos. Y estos han visto cómo sus condiciones materiales se han agravado en un contexto de globalización, desindustrialización, desempleo estructural o precariedad laboral.

Señala Mark Lilla que «el modelo de identidad de Facebook ha inspirado un modelo de compromiso de Facebook: trata sobre todo del ser, de mi mismo ser, no de historias comunes o del bien común, o de ideas siquiera. Los actuales jóvenes de izquierdas tienen menos posibilidades de relacionar sus compromisos con un conjunto de ideas políticas. Resulta mucho más probable que digan que están comprometidos en la política como X, preocupados por otros X y que estos asuntos tienen que ver con la Xdad. Puede que sientan cierta simpatía hacia y reconozcan la necesidad estratégica de construir alianzas con Ys y Zs. Pero como la identidad de todo el mundo es fluida y tiene múltiples dimensiones, cada una de las cuales merece un reconocimiento, las alianzas nunca serán otra cosa que matrimonios de conveniencia».

Las dinámicas identitarias se reflejan efectivamente de forma nítida en las nuevas formas de activismo, que han socavado la clásica militancia o el sindicalismo de clase, donde el «nosotros» tenía reservado un papel siempre preeminente respecto al «yo». Analiza Lilla que la izquierda —él hace referencia a los «liberales», que en términos estadounidenses viene a significar «fuerzas progresistas», no el concepto continental de liberalismo, más próximo a planteamientos liberal-conservadores o liberal-libertarianos, a lo Hayek— del campus se ha despegado enormemente de las demandas populares, atrapada en un narcisismo de las identidades personales.

La fractura de lo común, del «nosotros» universalista, no solo es aprovechado por las fuerzas de la derecha neoliberal, sino que también lleva aparejadas consecuencias muy lesivas para la propia salud de nuestra democracia, del debate público. Como se citaba más arriba, las inercias del identitarismo *woke* se reflejan en la degradación de la libertad de expresión, en la aparición de «espacios seguros», eufemismo utilizado para conculcar la posibilidad misma del debate público. En *La deriva reaccionaria de la izquierda*, Félix Ovejero lo explica con nitidez a través de la anécdota, al narrar su experiencia como profesor invitado en el campus de Chicago, ubicado entre guetos de enorme exclusión social, donde ya empezaba a germinar el irracionalismo posmoderno. En uno de los partidos de fútbol que se celebraban en el campus, el maestro barcelonés decidió —por razones de eficacia, como cuenta con sorna— no pasar el balón a un compañero del equipo que era lo que coloquialmente podríamos definir como un «paquete», alguien sin talento para el balompié. Pues bien, un tiempo después, Ovejero descubrió que estaba siendo tachado de racista, porque el jugador sin talento resultaba ser negro. Automáticamente se llegaba a la conclusión de que no pasarle la pelota al nefasto jugador no era por razones objetivas, sino que emanaba más bien de la discriminación racial que se le presuponía al profesor visitante, a la sazón español.

Esta anécdota, por lo demás reveladora de la incipiente degradación irracionalista que luego ha cogido vuelo y ha sido importada también a Europa y a buena parte del mundo, encubre una moraleja degradante, si escapamos de la superficie hilarante de lo grotesco: y es que, en efecto, Estados Unidos es un país donde la cuestión racial, el profundo racismo que corroe a la sociedad, lejos de ser un mito, constituye una realidad sangrante. Ese era el caso del campus de la Universidad de Chicago: guetos, discriminación racial, segregación de clase social —plano ubicuo, que siempre aparece cuando de desigualdades se trata—, y una suerte de fortificación que convertía la universidad en una burbuja protegida y aislada de una realidad social circundante tan conflictiva, tan extrema. La banalización, en efecto, de fenómenos sociales serios, convertidos en un pastiche para moralizar de forma estéril a quien no se debe, es uno de los fenómenos de ese identitarismo germinal, por lo demás luego desarrollado hasta extremos delirantes, con idénticos resultados: degradación del debate público y de la libertad de expresión e irrelevancia a la hora de transformar las estructurales sociales, económicas y culturales de opresión y tiranía.

El propio Lilla afirma que el identitarismo que corroe los campus universitarios estadounidenses supone una verdadera barrera para el debate racional:

> Cuanto más se obsesionan con la identidad personal los liberales del campus, menos dispuestos están a participar en un debate político razonado. A lo largo de la década pasada una locución nueva, y muy reveladora, ha pasado de nuestras universidades al *mainstream* mediático: «Como X...». No es una expresión anodina. Le dice al oyente que habla desde una posición privilegiada en este asunto. Levanta un muro contra el cuestionamiento, que por definición llega desde una perspectiva no-X. Y convierte el encuentro en una relación de poder: el ganador del debate será quien haya invocado la identidad moralmente superior y haya expresado la mayor ira por ser cuestionado. Así que las conversaciones en el aula que podían haber empezado: «Creo A y este es mi argumento», ahora asumen la forma de «Hablando como X, me ofende que tú digas B». Esto tiene sentido si crees que la identidad lo determina todo. Significa que no existe un espacio imparcial para el diálogo. Los hombres blancos poseen una espistemología, las mujeres negras, otra.
>
> Entonces, ¿qué se puede decir?
>
> Lo que sustituye el argumento entonces es el tabú. A veces nuestros campus más privilegiados parecen atrapados en el mundo de la religión arcaica. Solo aquellos que tienen un

estatus identitario aprobado pueden, como los chamanes, hablar de ciertos asuntos.

En efecto, este subproducto del irracionalismo, esta nueva religión pastoreada por los nuevos chamanes de la superstición, ha sido abrazada con frecuencia por buena parte de nuestra izquierda. El programa televisivo citado, salvando las distancias, reflejaba un nervio inquisidor propio de los fundamentalismos religiosos de toda la vida. Además, más allá de los argumentos, lo frustrante de la constelación identitaria es la imposibilidad misma del debate, así como la circularidad del presunto argumento: si de verdad consideras que X no puede hablar de los asuntos de Z, cuando te diriges desde la esfera de Z para pedir la cancelación de X incurres en un movimiento que carece de toda lógica. Si no está capacitado para hablar de tus asuntos, ¿por qué pretendes que sí lo esté para entender el mensaje de cancelación que le diriges? Y si, en cambio, confías en que te pueda entender cuando proyectas sobre X tu pulsión censora, entonces es que esta carece de todo sentido: es perfectamente falso afirmar que no puede hablar por la existencia de una identidad esencial a la que no puede acceder, cuya esfera de conocimiento le está vedada.

El autorreferencialismo del universo identitario efectivamente rezuma muchos de los rasgos de los rituales purificadores de las viejas supersticiones colectivas. Como afirma Lilla, «las proposiciones se vuelven puras o impuras, no verdaderas o falsas».

Charlie Hebdo: cuando el dogma religioso se vuelve progresista

Recelo hacia el progreso científico, comprensión con la sinrazón religiosa, abandono de la vocación universalista y complicidad con cualquier particularismo son algunos de los ingredientes del cóctel identitario. La ensayista francesa Caroline Fourest ha lanzado una sólida voz de alarma frente a la izquierda identitaria en su libro *Generación ofendida. De la policía de la cultura a la policía del pensamiento*. Fourest, azote de todas las tentaciones oscurantistas —por decirlo con las palabras de otro de sus libros—, empezando por las de la extrema derecha, reivindica la razón de ser republicana y laica de la izquierda universalista. Critica de forma abierta el abandono del laicismo republicano por parte de una supuesta izquierda entregada al multiculturalismo y al relativismo cultural. Lo refrenda con claridad Félix Ovejero en *La deriva reaccionaria de la izquierda*:

> Las soluciones políticas no se vertebran en torno al ideal de igualdad, sino al de diferencia. No se busca asegurar que todos comiencen la carrera en las mismas condiciones, sino crear una carrera a medida de cada cual.

La escritora francesa lo ha explicado en numerosas entrevistas y en diversos trabajos. En Francia, como en otras partes de Europa, también en España, las ideas *woke* han desembarcado con fuerza:

> Yo vengo de una izquierda universalista, muy feminista y muy antirracista también. Es una izquierda muy identificada

con los valores de *Charlie Hebdo* que ahora mismo está preocupada por la deriva identitaria y estadounidense que ha tomado la otra parte de la izquierda.

Como ha apuntado con acierto Félix Ovejero diseccionando a la izquierda reaccionaria, «una parte de la izquierda, muy representada entre nosotros, se ha vuelto comprensiva con la sinrazón religiosa, simpatiza con quienes quieren levantar comunidades políticas sostenidas en la identidad y manifiesta una antipatía sin matices contra el proceso globalizador. Incluso se muestra dubitativa de la peor manera a la hora de valorar la ciencia y el progreso científico. Llevada por la necesidad de "pensar a la contra", acaba no pocas veces en el absurdo, peleando contra sí misma, contra sus conquistas».

Si en algún campo resulta especialmente ilustrativa la deriva es en la esfera religiosa. Podríamos hablar, sin exageraciones, de deriva oscurantista de una izquierda que se muestra comprensiva con la sinrazón religiosa e incómoda con la defensa de una comunidad política laica en materia religiosa e identitaria. Hagamos un pequeño repaso de algunos antecedentes esclarecedores.

En 1978, el cantautor Javier Krahe realizó un cortometraje en el que se cocinaba un cristo. «Calcúlese un Cristo, ya macilento, para cada dos personas», explica una voz en *off*, mientras se saca un crucifijo de la nevera, se deja a un lado la cruz y se deposita la figura de yeso en una fuente. «Los estigmas pueden echarse con tocino» y «se desencostra con agua fría», sigue la receta. Tras untar con mantequilla, «se deja en el horno tres días, al cabo de los cuales sale completamente solo». La hilarante pieza fue emitida muchos años después en el documental *Esta no es la vida privada de Javier Krahe*, allá por 2004.

En un episodio bastante bochornoso para la salud democrática de nuestro país, se inició un procedimiento penal por presunta vulneración del artículo 525.1 del Código Penal en donde se tipifica el delito contra los sentimientos religiosos. Finalmente, se dictó sentencia absolutoria. Unas cuantas voces, no sin razones de peso, señalaron la conveniencia de despenalizar semejantes conductas. No solo hablamos de libertad de expresión como derecho fundamental en una democracia, sino del carácter del propio derecho penal: principio de mínima intervención y *ultima ratio* que impide que su aplicación se generalice en ámbitos donde su intervención resulta, cuando menos, muy dudosa. ¿Es que acaso un ateo no puede sentirse ofendido por algunas opiniones sociopolíticas de pastores de la Iglesia católica condenando la homosexualidad o el divorcio?

A lo largo del procedimiento, numerosas voces se alzaron para respaldar la libertad de expresión del cantautor. Esta, aunque algunos piensen lo contrario, no consiste en decir lo que queremos oír ni convivir con las cosas que nos gustan. Al revés, la libertad de expresión incluye la libertad para retar, para hacer dudar, para cuestionar, para provocar e, incluso, para ofender. Como cualquier derecho, no es absoluto cuando colisiona con otros. Todo ello debería formar parte de la normativa compartida en un sistema democrático. El problema de las religiones, con sus diferentes gradaciones perniciosas, es que no conforman normas o costumbres de aplicación en la esfera privada, como muchas veces se sostiene. Al revés, las religiones tienen una vocación de influencia en la esfera pública, pero carecen de razones atendibles para todos. En su fundamento, se invocan argumentos que no son de vigencia colectiva: la fe, la palabra revelada o un libro sagrado.

La ofensa a los sentimientos religiosos no es un argumento ajeno al terrible caso de *Charlie Hebdo*. Cierto es que, tras el infame atentado contra la libertad de expresión, contra la libertad de blasfemar, sí, la misma que resulta inseparable de una verdadera democracia laica, se desató una campaña de solidaridad que combinaba *marketing* con estética. Hasta ahí llegó casi todo. Como nos recordaba Caroline Fourest, el comportamiento del «mundo libre» tras los atentados dejó mucho que desear:

> Las redacciones debaten, y apoyan a *Charlie*, pero los editores deciden... En su mayoría, han optado por censurar la portada de *Charlie Hebdo*, como antes censuraron las caricaturas danesas de 2006, arguyendo que podrían resultar ofensivas para los musulmanes. Algunos dicen hoy que la censura es por motivos de seguridad. Es un progreso. Pero ¿estaríamos realmente en peligro si todos los medios de comunicación del mundo hubieran simplemente mostrado los dibujos daneses de entonces, o esta portada de ahora, en lugar de convertirlos en tabúes? ¿En vez de dar a entender que su publicación podría justificar reacciones airadas? Esta negativa a informar revela una brecha cultural gigantesca, en lo que respecta a la laicidad y la libertad de expresión.

Peores fueron las reacciones de algunos opinadores de la izquierda relativista, la misma que, en el caso del islam, se afana en dar la razón a Eric Hobsbawm y plasmar en la realidad sus peores augurios: el sacrificio del universalismo y de la razón ilustrada en el altar del fundamentalismo religioso. No fueron pocas las voces que, tras condenar los atentados, le cargaron cobardemente las culpas a la publicación francesa por estar presuntamente imbuida por los rigores del colonialismo, el etnocentrismo occidental y la islamofobia. Se visibilizaba una brecha abierta hacía tiempo: había una izquierda entregada por entero al oscurantismo religioso, en sus versiones más rigoristas y extremas. ¿No se daban cuentan de que con semejante posicionamiento barrían hasta el último átomo de emancipación colectiva y universal de su programa histórico? En España, algunos de los que cantaban con el gran Javier Krahe a favor de la libertad de expresión, frente a los rescoldos marginales del nacionalcatolicismo que le llevaron a los juzgados para finalmente ser absuelto, se aprestaban a prescribir silencio y sumisión obligatorios frente al islam y a sus versiones más fundamentalistas, presentando incluso algunos símbolos de subordinación de la mujer propios de los patriarcados de coerción islámicos como experiencias respetables dentro de los parámetros de la diversidad cultural. Se quebraba la perspectiva racional y el foco universalista para cabalgar contradicciones, una vez más.

Las feministas de origen musulmán: una revolución de la dignidad

La tesis que sostenemos a lo largo de todo el libro es que no todo está perdido y que, sea como fuere, la resignación no es una alternativa aceptable. La abdicación de determinada izquierda que repudia el universalismo ha encontrado, sin embargo, la esperanzadora respuesta de numerosas mujeres valientes que, sin renunciar al socialismo, al marxismo o a la izquierda, han seguido batallando a favor de la igualdad, de los principios universales de emancipación, que han de contar, necesariamente, con el feminismo como movimiento de emancipación que complete un ideal ilustrado que no puede ser creíble sin la incorporación plena de la mujer al ideal de ciudadanía.

Esa dialéctica entre las izquierdas es indudable. De un tiempo a esta parte, facciones autoproclamadas de izquierdas han traicionado a su razón de ser más reconocible. Quienes acusan de reaccionarios a los que osamos mantenernos en el clásico laicismo ilustrado de las izquierdas exhiben una delirante comprensión hacia la sinrazón religiosa. No sé si se dan cuenta, pero no hay nada más genuinamente reaccionario que esa posición. Pareciera como si esta hubiera adquirido, repentinamente, un indiscutible barniz progresista. Con la comprensión de los repliegues teocráticos islamistas, por una suerte de complejo mal digerido. Para evitar el etnocentrismo y una supuesta arrogancia occidentalista, se prescribe abandonar el compromiso con los derechos plenos de las mujeres, en tanto que ciudadanas, más allá de nuestras fronteras. O a veces, incluso dentro.

Si en algún flanco del debate público hay sólidos motivos para la esperanza es en la respuesta contundente, valiente y ejemplar de un grupo de feministas seculares que han defendido la emancipación de las mujeres por encima de cualquier dogma religioso, de cualquier pulsión inquisitorial y de cualquier admonición al silencio por parte de las izquierdas posmodernas e identitarias. Con demasiada frecuencia estas izquierdas han flirteado con complicidades patriarcales en nombre de religiones y diversidades culturales a las que había que rendir pleitesía para ser aceptado en el nuevo marco de progresismo oficial europeo. Una de esas voces admirables responde al nombre de la activista saharaui y feminista comprometida, Násara Iahdih Said. «Las feministas seculares nos jugamos la vida por exigir nuestros derechos, por enfrentarnos al patriarcado islámico —afirmaba Násara con una valentía ejemplar en una entrevista para *Público* de 13 de septiembre de 2020—. Nos asocian al feminismo islámico por estereotipos. Nos reducen y personifican en una religión, y no imaginan un feminismo que luche fuera de ella, declara la activista feminista. A las feministas seculares no nos importa que el Corán no reconozca nuestros derechos; nosotras no dialogamos con el Tribunal Social Islámico, directamente lo combatimos para derribar su misoginia.»

Como alertaba una de esas voces imprescindibles, Mimunt Hamido, en *No nos taparán*, en las democracias occidentales no son extraños los casos en los que se transgrede la ley civil, que debería regir para todos. Verdaderos guetos de arbitrariedad empiezan a consolidarse muy cerca de nosotros, en las propias sociedades europeas. Opresión que sufren mujeres y niñas, principalmente. También hombres y mujeres por razón de su orientación sexual. Una suerte de privatización de las leyes comunes, que son desplazadas por normas religiosas por definición inaceptables para el conjunto de la ciudadanía. La quiebra del universalismo recibe la insoportable justificación por parte de una supuesta izquierda, profundamente reaccionaria. Y paradójicamente, son los que abdican del universalismo quienes ponen en jaque los derechos civiles y políticos de todos.

Cabe detenerse aquí para analizar el desvarío. Una tendencia general de la opinión pública empieza a validar un absurdo: reconocer a la izquierda identitaria, antiuniversalista, como la que garantiza derechos civiles. Precisamente es la misma que sepulta el ideal ilustrado. La clásica tríada revolucionaria de igualdad, libertad y fraternidad, acompañada en su formulación completa con la unidad e indivisibilidad de la República. Cuando los principios de emancipación colectiva decaen en el altar identitario, no hay emancipación posible. A lo sumo, existirán tribalismo y luchas parciales inconsistentes. Solo así la defensa por los derechos LGTBIQ+ pueden importar aquí y dejar de ser relevantes en Irán por el pretexto de no incurrir en posiciones «etnocentristas, occidentales y racistas». No hay nada más racista que pretender que los derechos civiles de los que se disfruta en una parte del mundo se descarten más allá, si nos tomamos mínimamente en serio la consistencia normativa de los derechos de ciudadanía y su vocación universalista. Cuando uno recuerda el estado de las mujeres en el Egipto de los años cincuenta, bajo los gobiernos del socialismo panarabista de Gamal Abdel Nasser, o en el Irán de los años sesenta, uno percibe la importante involución experimentada. Así lo explica con precisión el profesor Waleed Saleh, autor de *Feminismo e islam. Una ecuación imposible*:

> Una ministra de los asuntos de la mujer en Irak, entrevistada, declaró que los hombres están en un grado superior porque así lo dice el Corán y que pedía permiso todas las mañanas a su marido para salir de casa. Esa es la realidad tan penosa y las libertades que entienden algunos gracias al rela-

tivismo cultural. Todo esto no tiene nada que ver con el relativismo cultural, tiene que ver con el machismo y con la discriminación de la mujer en su relación con el hombre.

[...]

En las universidades en Francia, en Estados Unidos o aquí en España hay muchas voces, consideradas de izquierdas, que es todavía más grave, muy críticas con el cristianismo o con el judaísmo, pero muy complacientes con el islam. Llama la atención. Es un logro para algunos partidos políticos traer a una mujer con hiyab para representar a una determinada comunidad. No piensan en el origen, de dónde viene el hiyab, qué significa. Para ellos significa multiculturalidad, ser liberal, ser abierto, pero si supieran lo que significa desde luego no lo admitirían. Yo no estoy en contra de que una mujer lo lleve, pero si es por propia voluntad. La inmensa mayoría lo hacen por presión social o familiar. Yo vengo de esta sociedad y lo conozco perfectamente. Dicen que es un signo de identidad, mentira. Si se juntan ocho o diez mujeres de la familia en casa, ninguna lleva pañuelo. Si viene un hombre ajeno a la familia, todas se lo ponen. ¿Ya no es un signo de identidad? ¿Por qué no se lo ponen cuando están solas? ¿Por qué los hombres no tienen que llevar un signo de identidad, solo a las mujeres les toca?

(Entrevista en *El Independiente* de 16 de julio de 2022.)

En la misma línea se pronuncia Mimunt Hamido, desmontando la presunta vocación de defensa de la diversidad cultural cuando de lo que realmente se trata es de infame blanqueamiento de la misoginia más extrema:

El hiyab es la señal pública, visible para todo el mundo, que proclama que aquí viene una chica pura, casta, decente. Y esta señal pública solo se impone a las mujeres. ¿Han visto ustedes alguna vez a un hombre vestido de chilaba, zaragüelles, babuchas y turbante por la calle en España? Los hay, pero son uno entre mil, normalmente predicadores, y hasta los inmigrantes marroquíes se ríen ante un atuendo tan extemporáneo. Porque esos mismos musulmanes que imponen a sus mujeres —esposa, hermanas, hijas y hasta a veces a su madre— el hiyab para mostrar su decencia ven totalmente normal ir por la vida en camiseta y vaqueros.

La trampa identitaria propulsa a algunos falsos progresistas a esconder, en las sucias aguas del presunto relativismo, lo que no es sino complicidad inaceptable con los patriarcados de coerción más duros y violentos. Para ejemplo de la quiebra del universalismo en detrimento del ideal de ciudadanía y de los derechos plenos de las mujeres, el que vino dado por la presentación de Nora Baños como candidata de Podemos, que se afanó torpemente en tratar de convencernos de que el islam político y el feminismo eran perfectamente compatibles. ¿A qué feminismo se refería? No parece, desde luego, que fuera el feminismo ilustrado que ambiciona una igualdad plena entre mujeres y hombres como ciudadanos igualmente libres y con idénticos derechos y deberes políticos, sociales y económicos.

La inverosímil y endeble justificación del islam como feminista —algo así como la cuadratura del círculo— ha sido criticada sin complejos y con una honestidad intelectual genuina por mujeres que no se han movido un ápice de sus posiciones socialistas, marxistas, republicanas o, en general, de izquierdas. Y es que la sumisión de la mujer a un corpus religioso en la actualidad tiene tanto de emancipador como lo tuvo en el pasado: absolutamente nada. Así lo afirma con meridiana claridad Mimunt Hamido en su imprescindible obra: «Apelar a tal diversidad es otra forma encubierta de racismo». El blanqueamiento del patriarcado islámico ha situado a presuntos representantes de la izquierda occidental en posicionamientos colindantes a los de la extrema derecha islámica. Esa es la fatal arrogancia del progresismo relativista e identitario: considerar que la extrema derecha es un peligro exclusivo de nuestras sociedades europeas o americanas. Que el integrismo religioso evangelista —virulento en América Latina, muy ligado a movimientos reaccionarios, como el de Bolsonaro en Brasil— o los integristas religiosos católicos que siguen amenazando las conquistas de sociedades tendencialmente laicas son privativos de contextos democráticos. La banalización edulcorada del mundo musulmán invisibiliza la lucha de muchas mujeres valientes que levantan la voz para ejercitar una imprescindible pedagogía cívica, para recordarnos el carácter también dialéctico y conflictivo de sociedades donde la parte no representa al todo: tomar las versiones más fundamentalistas y antidemocráticas como representativas de una supuesta manifestación esencial de aquellas sociedades es propio de un identitarismo antiuniversalista, claramente reaccionario en sus fundamentos, incompatible con el feminismo y con la causa de la igualdad.

En el año 2017, como nos recuerda en su ensayo Hamido, la política de Podemos Nora Baños se pronunció en una entrevista para *La Vanguardia* en los siguientes términos: «Integración e inclusión son conceptos negativos, como si tuviéramos que hacer renuncias, y lo importante es que se visualice y verbalice el carácter plural y diverso de la sociedad». En *Diario 16* incidió en idéntica línea: «El concepto de integración no me gusta. Considero que ninguna sociedad tendría que ser integradora, sino una sociedad que reconozca las identidades múltiples y plurales para crear Estados plurinacionales».

El lector podrá pensar que Nora Baños no pasa de ser un caso individual, pero haría mal en desdeñar las importantes implicaciones de sus declaraciones. Es obvio que, lejos de constituir una evidencia anecdótica de lo que tratamos de ilustrar, en una parte del progresismo occidental ha trascendido como prestigiosa e imperativa la quiebra irreversible con el ideal ilustrado que exige la integración como ciudadanos dentro de la comunidad política. Según la tradición ilustrada y universalista que nace de la mano de las izquierdas, son las leyes las que nos deben igualar a todos y las que nos confieren a todos de igual condición política, la de ciudadanos. Por tanto, resulta imprescindible que la comunidad política sea enteramente laica, desde una óptica tanto religiosa como identitaria. No significa que uno no pueda cultivar la religión o identidad que desee, pero dicha libertad religiosa o identitaria aparece *ex post*: es después de la aceptación de las leyes que nos igualan y nos convierten a todos en ciudadanos, en titulares de pleno derecho del territorio político, en decisores conjuntos y solidarios sobre el presente y el futuro de la comunidad política, cuando podemos desarrollar la identidad o religión que prefiramos, siempre y cuando estas no obsten ni agredan a la condición de ciudadanía de nuestros conciudadanos; esto es, mientras la esfera pública permanezca indemne de la influencia de la fe o de la identidad. Ni la identidad ni la fe se pueden convertir en filtros de acceso a la ciudadanía, no pueden aparecer *ex ante* como cauces de entrada a dicha condición política porque, en tal supuesto, las puertas de la degradación del ideal de ciudadanía quedan abiertas de par en par. Ya no habría ciudadanos, sino estratos identitarios, guetos, esferas privadas ajenas al poder de lo común, ajenas al imperio de la ley y al gobierno del derecho. Esa privatización identitaria del espacio público es quizás la manifestación más perversa y oscurantista de la propuesta de Nora Baños y en general de todos aquellos —y no son pocos— dispuestos a sacrificar el ideal de ciudadanía y la exigencia de integración, intercambiándolos por la defensa edulcorada y romantizada de un horizonte oscuro, realidad tangible ya en muchas sociedades formalmente democráticas: guetos multiculturales donde las personas teóricamente coexisten por separado, estratificados, como si de un *revival* del mundo feudal se tratase, aunque, en la práctica, los derechos se conculcan sistemáticamente y las leyes se privatizan hasta ser socavadas por usos y costumbres religiosas incompatibles con una comunidad política laica y democrática.

Son múltiples los intentos de proyectar la vocación reaccionaria de ese multiculturalismo identitario y cómplice con la sinrazón religiosa precisamente a quienes lo combaten con valentía. Con frecuencia, la estrategia se reviste de «decolonial», y espeta a cualquiera de sus críticas una complicidad intolerable con occidente. Llama la atención como algunos pretendidos antirracistas dan sobradas muestras de ser exactamente todo lo contrario: como si las conquistas de la Ilustración y la modernidad fueran privativas de algunos Estados, como si el mundo musulmán resultase un «todo» uniforme ajeno a la lucha de clases o las vindicaciones feministas por la emancipación.

La feminista tunecina Fawzia Zouari escribió en *Libération* (traducido en español como *Sin Permiso*) el 21 de septiembre de 2016 unas palabras imprescindibles que entendemos esencial rescatar ahora:

> Yo no creo que el espacio de la religión y de la tradición sea un espacio de libertad. Me niego a hablar de una «nueva invención de la modernidad», en un enfoque que, en el fondo, considera la modernidad como «un mal occidental». Me parece adivinar aquí el timbre moralizante que tiende a asimilar la libertad del «individuo femenino» a las costumbres disolutas. Y planteo la cuestión: ¿qué sería un «feminismo descolonizado», sino un feminismo desposeído de la mayoría de los logros conquistados? ¿Con qué derecho se decide que ciertas leyes como la prohibición del velo en Francia son «antimusulmanas», cuando millones de musulmanas en el mundo luchan precisamente contra el velo? ¿Por qué ha de ponerse la defensa del velo en el mismo plano que la lucha contra la violación o el maltrato conyugal? ¿Quién es más útil a la sociedad, la que se bate contra la radicalización fundamentalista o la que zascandilea con la defensa del yihab? ¿Cómo se puede acusar de «materialismo» a un feminismo que lleva intentando denodadamente desde hace décadas liberar a las mujeres de toda tutela? ¿No consiste más bien el materialismo en el elogio de la diferencia y en la victimización del Otro, en generar un islamo-fascismo empeñado en inducir la discordia entre las mujeres? A fin de cuentas, quienes denuncian el «feminismo colonizado» ¿no sueñan acaso con un «feminismo indígena», enlazando así

con —y aun renovándolo— el orientalismo colonialista de antaño?

Me parece bien que la identidad sea móvil y mutante, pero es necesario que esa mutación no arruine los logros conseguidos por las mujeres. Es verdad que el particularismo puede ensancharse con lo universal, pero yo desconfío del particularismo cuando aparece a propósito de las mujeres, porque muy frecuentemente se invoca para recortar sus libertades. Yo opto por el feminismo clásico. Y rechazo el término «colonizador» para un feminismo que ha iniciado el mayor combate de todos los tiempos a favor de las mujeres sin verter una sola gota de sangre. Llamo a la vigilancia contra esas nuevas teorías que abogan por una «dimensión postmoderna de lo religioso» como pretendida «fuente de reencantamiento» y «nueva oportunidad para el feminismo». No me fío de los que no se fían de Occidente, porque no dejan de estar a la defensiva y no tienen mentalidad abierta.

Llamo, pues, a los occidentales perdonavidas con el feminismo de sus abuelas a no sucumbir al «sollozo del hombre blanco». Lo mismo que llamo a las musulmanas como yo a salir de la mentalidad, típicamente masculina, del excolonizado y a lograr un proceso de alteridad hasta ahora inédito. Podemos compartir, sin avergonzarnos, ciertos modelos occidentales, no por fidelidad a Occidente, sino desde el momento en que esos modelos se colocan por encima de todas las tradiciones y abogan por la Justicia y el Derecho. En realidad, no puede haber un feminismo de Oriente o de Occidente. Ni un feminismo que enfrente al Norte y al Sur. No sin hacer jactanciosamente suya una tradición enemiga de mejorar el ciclo de nuestra emancipación. No puede haber más que un feminismo: el que concluye en una razón de mujeres.

Dejemos apuntadas un par de cuestiones: no es baladí el uso de la palabra «plurinacional» por parte de Nora Baños, y es que los paralelismos entre las manifestaciones religiosas del envite identitario y el secesionismo nacional-identitario, que analizaremos más adelante, son abrumadores. No en vano, en lugares como Francia, donde el jacobinismo supuso un antídoto eficaz contra la tentación cantonalista en la esfera territorial —algo que aquí arrastramos de un carlismo que no fue totalmente derrotado—, sin embargo se ha advertido la necesidad de promulgar una legislación contra el separatismo en materia religiosa: frente a los guetos de la identidad, estratificados por mor de la religión y la privatización multicultural de las leyes comunes, se ha subrayado el carácter laico de la República. Provoca una incómoda mezcla entre estupefacción y vergüenza que tenga que ser la derecha la que defienda, en apariencia, el principio universalista que nace de la mano de las izquierdas, mientras buena parte de estas, al menos su vertiente más hegemónica, se empeñan en sepultar, en nombre de la identidad —qué paradoja—, su verdadera identidad laica y cívica.

Segundo apunte, formulado a vuelapluma: ¿no será, en el fondo, una muestra clara de una total miopía política estratificar, y por tanto debilitar, las comunidades políticas, en nombre de la diversidad cultural, en tiempos de un capitalismo globalizado y financiero especulativo que ha internacionalizado los mercados y sometido la política a un papel residual y subalterno, recluida como está en esferas nacionales —en el mejor de los casos—? La sacralización del gueto, del reduccionismo cultural, de la tradición en su vertiente más salvajemente reaccionaria, supone, sin duda, una quiebra de las comunidades políticas de muy similar naturaleza a la ruptura que propugna el separatismo nacionalista: por la vía del particularismo, religioso, identitario o territorial, el espacio de las leyes comunes y de la política se quiebra en favor de un sistema económico que maximiza los beneficios del capital y diluye la potencialidad transformadora del derecho y de la política.

Resulta curioso que los mismos que se llenan la boca de la imprescindible defensa de los derechos de las mujeres, que lejos de ser un colectivo constituyen más de la mitad de la población mundial, cuando llega el momento de demostrar la coherencia y credibilidad defendiendo esos mismos derechos en donde se conculcan de forma más salvaje y sistemática, lejos de hacerlo practican una dejación de funciones indecorosa y un silencio obsceno. No sé si se dan cuenta de que el prisma identitario, más o menos oculto tras el disfraz de la diversidad cultural, tritura derechos fundamentales. Lo mismo ocurre con un manoseado antirracismo que deviene en profundamente discriminatorio: la asunción de que los contextos musulmanes, por ejemplo, están secularmente condenados a aceptar leyes religiosas donde en Europa podemos disfrutar de leyes civiles de carácter laico. Como mencionábamos antes, es históricamente incierto. La involución de las últimas décadas demuestra que es completamente falso que la subordinación de las mujeres, por ejemplo, sea una seña de identidad inexorable en determinadas latitudes. El identitarismo, en sus versiones más burdas, lleva a posiciones racistas, sexistas y discriminatorias. La quiebra del horizonte universalista tiene consecuencias letales también en el ámbito de los derechos civiles. He aquí la mayor de las paradojas: esos mismos derechos civiles que decían querer ampliarse se restringen invocando identidades culturales monolíticas y uniformes, eternas, que no representan la realidad sino el prejuicio o la pereza ideológicas de algunos. Las culturas son complejas y cambiantes, no eternas e inmutables. Bajo la apariencia antirracista y multicultural, pasada por el fiel del identitarismo cómplice con el fundamentalismo religioso, se esconde con frecuencia el más infame racismo y la más cruenta segregación.

Cierta izquierda ha traicionado aquella parte de su herencia que sí funcionaba, hasta el punto de que formaba parte del paisaje político y moral compartido. El ideal de ciudadanía es una gran conquista para la emancipación humana, tal vez la primera y principal: junto al análisis marxista de estratificación social en torno a la idea de clase social, el ideal de ciudadanía da forma a las comunidades políticas modernas y cívico-democráticas. Desecha el privilegio estamental del Antiguo Régimen, en torno al trono y al altar, y supone la plasmación política del imperio del derecho frente al gobierno de los hombres, y de la igualdad de todos frente a esas leyes. El individuo se convertía en sujeto de derechos políticos como miembro de pleno derecho de la comunidad política. El derecho se erigía en la voz de aquellos que no tenían voz. Se barrían los vestigios de una sociedad estamental, feudal, propia del Antiguo Régimen. La sustitución del ideal de ciudadanía por los guetos de la identidad, con el inmoral blanqueamiento de la exclusión social de los más débiles es una idea pésima y profundamente reaccionaria que aboca a la desigualdad de derechos y a los privilegios de aquellos que cuentan con el poder del dinero, a los que el ideal de ciudadanía les resulta accesorio, incluso prescindible.

A las grandes causas, y sin duda el socialismo es una de ellas, les podremos criticar lo que se quiera, pero nunca su vocación de emancipación colectiva, su íntimo compromiso universalista. La cruzada contra el universalismo sepulta la condición de posibilidad del socialismo e implica la negación misma de la izquierda racionalista. Podríamos decir, por abreviar, que niega la condición real de izquierdas de cualquier propuesta política, más allá de la hojarasca formal y retórica o del éxito, por otra parte menguante, que aquellas propuestas puedan tener en el terreno sociológico o electoral.

4

El eclipse de la razón: posmodernismo, individualismo y abandono de la instrucción pública

Sirvan dos anécdotas para ilustrar el presente capítulo. Una, bien conocida: el científico Alan Sokal envió a la revista posmoderna *Social Text* un artículo que no cumplía ninguno de los parámetros científicos de rigor y solvencia para su publicación. Lo hizo a sabiendas. La reacción no deja lugar a dudas de la devaluación del conocimiento imperante: el artículo fue publicado de forma inmediata en la primavera/verano de 1996. El artículo sostenía la asombrosa tesis de que la gravedad cuántica era un constructo social. Lo que allí se contenía era puro artificio, pero cumplía los cánones del posmodernismo: no hay sometimiento alguno a criterios de calibración objetiva, donde la verdad siga desempeñando un papel determinante para cribar un trabajo válido de entre otros inaceptables, sino que el marco de análisis es otro. La entronización del subjetivismo más radical: depende de quién emita un juicio de valor u otro, este adquiere validez o es descartado *a priori*. En unas palabras alumbradoras del propio Alan Sokal, que se recogen en el prefacio a la edición francesa de *Cynical Theories*, ensayo de Helen Pluckrose y James Lindsay, explica con precisión la evolución del posmodernismo: «En este punto puede parecer que los posmodernistas han llevado a cabo un giro completo: de un radical relativismo a un extremo dogmatismo, al menos en algunas cuestiones». Semejante proceder tendrá unas implicaciones destructivas: el empobrecimiento del debate público no vendrá determinado únicamente por el emponzoñamiento coercitivo de la libertad de expresión y opinión, sino por el descarte *a priori* de planteamientos valiosos y la imperativa transacción con portentosas majaderías. En esa misma línea se expresaba Mark Lilla, como vimos en las críticas a las derivas antiuniversalistas de las izquierdas identitarias, al analizar una de las involuciones reaccionarias más visibles de algunas facciones políticas presuntamente progresistas.

La segunda anécdota ilustra de forma incipiente la deriva irracionalista que el mundo *woke*, a pesar de lo difuso del concepto, ha promocionado: en el campus de la Universidad de Chicago, que ya citábamos en el capítulo anterior a cuenta del incidente con el compañero del equipo de fútbol, cuenta Félix Ovejero en sus conversaciones con Julio Valdeón reflejadas en *La razón en marcha* cómo ya se hablaba en los años noventa constantemente de «P. C.», acrónimo inentendible en un principio para el profesor barcelonés. ¿Qué significaba aquello? ¿Acaso hacía referencia al Partido Comunista o al PC-ordenador? Se trataba más bien del acrónico en inglés de «corrección política» (*political correctness*). Ya saben, la deriva cuenta con antecedentes, no es un fenómeno de ayer. Al tiempo que el gueto de clase, la estratificación social y la económica se fundían con un racismo profundo e hiriente, el campus aparecía como una clase de fortificación aparte, una especie de burbuja rodeada por miseria y exclusión en la que la ciudadanía no era más que una lejana quimera para muchos que sobrevivían con sus propias redes de protección, lejos de la tutela de un Estado que para ellos resultaba ciego e invisible. Pues bien, en ese mismo campus, cuenta Félix Ovejero, ya estaba germinando la irracional disociación: una burbuja de debates impostados, de espacios seguros donde el conocimiento científico se cercena, donde los criterios objetivos de evaluación son impugnados por toda suerte de epítetos censores delirantes, donde las burbujas identitarias crecen sin que esa inflación de buenas intenciones y prácticas tribales haya reducido un ápice las desigualdades sociales —y su terrible y muy real entretejimiento de las mismas con cuestiones como el sexo o la raza—. Al revés, la burbuja *woke* en demasiadas ocasiones sirve exclusivamente para lavar la mala conciencia de unas élites intelectuales entregadas a la performatividad impotente, esa misma que resulta tan fácil de neutralizar por el sistema social y económico capitalista. La hipertrofia identitaria ha desviado el eje de la trasformación generando una ilusión, falsa por lo demás: las estructuras capitalistas aparecen hoy más férreas y consolidadas que nunca, incluso con las mejores alternativas de reforma capitalista (New Deal, keynesianismo, Estado social) laminadas o milimétricamente desactivadas.

Lo analizábamos al calor de la complicidad de una presunta izquierda hegemónica con las religiones y la regresión de las posiciones de libertad de expresión en las que las izquierdas fueron pioneras. Lo vemos hoy en un marco de entronización del irracionalismo más amplio, que trasciende incluso las fronteras del dogma religioso.

En su artículo de 11 de abril de 2023 en *El País*, «La nueva edad de la fe», el escritor Sergio Ramírez se hacía eco de la resurrección del puritanismo en Estados Unidos bajo la amenaza de hacerse global. Este auge reaccionario contra la libertad de expresión, crítica y de pensamiento es transversal, pero duele especialmente por el flanco izquierdo. El fundamentalismo reaccionario de grupos evangélicos no sorprende. El intento de regresión legislativa en materia de los derechos reproductivos de las mujeres, tampoco. Son manifestaciones nítidas de una derecha que se resiste a aceptar las conquistas seculares y siempre está alerta para acometer una vuelta de tuerca que conculque o restrinja derechos civiles. Quienes en España se opusieron con ahínco a la asignatura de Educación para la Ciudadanía eran capitaneados o instrumentalizados por aquellos que consideran que el Estado no puede formar a los alumnos en una ciudadanía laica, sino que la formación moral y religiosa debe quedar restringida a las familias o las confesiones religiosas.

Explica Sergio Ramírez:

> Desde hace muchos años se ejerce en el llamado cinturón bíblico en Estados Unidos un férreo control de la lectura en las bibliotecas públicas y escolares, con una conspicua lista de libros prohibidos que incluye a William Faulkner y a Toni Morrison, entre otros, y donde no puede leerse nada que desafíe la tesis creacionista, con lo que Darwin viene a ser un engendro del demonio. En el Estado de Florida, las juntas escolares asumen la potestad de vigilar que no entre en las aulas ningún libro «de naturaleza explícita que enseñe a los niños sobre orientación sexual y la identidad de género».
>
> Pero la pureza moral viene a ser abonada desde el otro lado del espectro, con el surgimiento de la cultura *woke* que forma parte también de la edad de la fe. Desde esta perspec-

> tiva se demanda la modificación de las obras literarias para que sean adaptadas a «las sensibilidades políticamente correctas». Ni Roald Dahl, ni Agatha Christie, ni Ian Fleming, con los que se ha empezado, pueden alegar nada en contra de la implacable censura de sus obras desde el silencio de sus tumbas. Para esta tarea las editoriales se asesoran de un «comité de lectores sensibles»; o sea, un santo tribunal de la Inquisición.
>
> Toda referencia, palabra o frase que evoque el colonialismo, el racismo, el machismo, la misoginia, debe ser suprimida, alterada o cambiada por expresiones neutras o benévolas. La escritura sin mancha ni suciedad, lavada con detergente y bien aplanchada. Un mundo insulso de personajes inocentes, despojados de la gracia de la culpa.

Estas reflexiones no pueden estar de más actualidad al escribirse mientras conocemos la bochornosa noticia de la censura llevada a cabo por los organizadores de la feria del libro político Literal respecto de la editorial El Viejo Topo. El pretexto esgrimido por los censores es la incompatibilidad de la feria en cuestión (autodenominada «radical») y algunos títulos de El Viejo Topo. Históricamente, todos los censores y dogmáticos han solido mostrar una sospecha permanente por el pensamiento crítico y libre. En estos tiempos posmodernos a los que se refería Sokal, hemos pasado de un subjetivismo radical en el que cualquier opinión era respetable, fuese o no cierta, a un dogmatismo extremo en el que no se admite casi ninguna, sobre todo si no encaja en un determinado patrón identitario.

Lo dramático es que los nuevos censores, con sus ademanes religiosos y sus rituales purificadores, se parecen demasiado a los antiguos. El Viejo Topo y su editor Miguel Riera se han atrevido a plantar casa a aquellas manifestaciones del poder con las que no se atrevía (casi) nadie, y desde luego lo han hecho a sabiendas del oneroso precio que iban a pagar por tomar partido. Compromiso y valentía contra la dictadura franquista, en épocas de constantes secuestros de revistas y publicaciones o juicios sumarios, al amparo de una legislación que amordazaba cualquier discrepancia. Ellos mismos sufrieron durante la convulsa Transición numerosos problemas judiciales derivados de su crítica a la dictadura y a un régimen dictatorial que daba sus últimos coletazos. El Viejo Topo, una publicación de inequívoco compromiso antifranquista y un reconocido prestigio en la tradición del pensamiento de izquierdas, se ha enfrentado al nacionalismo con claridad y contundencia, algo bastante minoritario en Cataluña, donde la complicidad con los nacionalistas ha sido el comportamiento general de las fuerzas presuntamente progresistas. Al parecer, esto los convierte, para los organizadores de la feria, en reaccionarios y derechistas a los que se puede y debe cancelar.

Es especialmente desgarrador que los herederos ideológicos de la Ilustración y «la razón en marcha» acepten la superstición y la irracionalidad como nuevas guías ideológicas. Resulta como siempre harto complicado fechar la deriva o el naufragio de esta sustitución ideológica porque, al hacerlo, necesariamente caemos en un reduccionismo temporal que impide comprender con certeza la realidad. Ahora bien, algunos trazos muy generales sí pueden dibujarse, como venimos haciendo en las páginas anteriores, ante la sustitución de los fundamentos marxistas por un idealismo acentuado, la erosión de la vocación universalista por un abanico de planteamientos particularistas y focalizados en la diferencia antes que en el principio de igualdad, y, como veremos a continuación, cierto recelo general e infantil por el Estado.

Los sentimientos que socavaron la razón. ¿Qué fue de la clase social?

En su ensayo *En defensa de la razón. Contribución a la crítica del posmodernismo*, el historiador marxista Francisco Erice centra el debate imprescindible de las izquierdas que, siguiendo las certeras palabras de Hobsbawm, no están dispuestas a sustituir una izquierda racional por otra sectaria y fundamentalista; esto implica hacer prevalecer la «razón de izquierdas» frente a la «emoción de izquierdas». Así recupera Erice en su introducción un texto del historiador británico:

> Si el movimiento obrero y socialista debe recuperar su espíritu, su dinamismo y su iniciativa histórica, nosotros, como marxistas, debemos hacer lo que sin duda Marx habría hecho: reconocer la nueva situación en la que nos encontramos, analizarla de manera realista y concreta, analizar las razones, históricas o de otro tipo, que han causado los fracasos y los éxitos del movimiento obrero, y formular no solo lo que nos gustaría hacer, sino lo que se puede hacer.

Estamos en un tiempo sometido por la tiranía de los sentimientos y las emociones. En demasiadas ocasiones, asistimos a propuestas y análisis políticos de izquierdas que apelan a modular la realidad al gusto de cada cual, que parte de la base sentimental e idealista de aproximación a esa misma realidad que nos disgusta. Cuando esta se aborda desde las posiciones del más extremo y voluble subjetivismo, resulta bastante complicada su transformación. Cualquier planteamiento transformador debe partir de la base del conocimiento racional de la realidad. Como el propio Erice plantea, «cabe recordar que Lukács retoma la fe en la razón de la tradición marxista, de raíz ilustrada, vinculada a una cierta idea de progreso y a la convicción en la capacidad de la ciencia para explicar el mundo».

Según recuerda Erice, los propios Sokal y Bricmont, cuya contribución a desnudar el delirio irracionalista del posmodernismo veíamos al principio del capítulo, «lamentaban que cierta izquierda, en una época de confusión y extravío, se aparta de la identificación con la ciencia y el pensamiento racional. [...] El posmodernismo tendría tres efectos negativos principales: una pérdida de tiempo lastimosa en las Ciencias Sociales, una confusión cultural favorecedores del oscurantismo y un debilitamiento de la izquierda política. Sokal, en concreto, se autodefine como "un viejo izquierdista impenitente que nunca ha entendido cómo se supone que la deconstrucción va a ayudar a la clase obrera"».

Huyamos de las confusiones terminológicas tan en boga en este tiempo de identidades esenciales y significantes vacíos, en la estela del populismo. Como recordaba Terry Eagleton, cabe diferenciar posmodernidad, como período histórico específico, de posmodernismo, del que afirma se trata de «un estilo de pensamiento que desconfía de las nociones clásicas de verdad, razón, identidad y objetividad, de la idea de progreso universal o de emancipación, de las estructuras aisladas, de los grandes relatos y de los sistemas definitivos de explicación». En esta línea, los tiempos del posmodernismo no son ajenos a nuestro presente. La devaluación de la sintaxis, de las palabras y su significado son síntomas del sarampión posmodernista.

Por otra parte, como analizan con precisión los profesores Rafael Rodríguez Prieto y José María Seco en su ensayo *¿Por qué soy de izquierdas?*, la izquierda posmoderna ha quebrado con demasiada frecuencia el análisis de clase social. «Desterrando categorías analíticas fundamentales para la izquierda como la clase social» se ha abierto la veda a una derecha populista e identitaria que, con mensajes demagógicos pero efectivos, penetra con cierto éxito electoral en feudos tradicionales de la izquierda comunista o socialista. Uno de los efectos más claros del Mayo francés, en 1968, fue la disgregación del activismo universitario, de corte burgués, y los ejes materiales clásicos de una clase trabajadora que percibía, crecientemente, una clara desatención de sus principales demandas. Como señalan los citados profesores, «no es que vengamos a dudar aquí de la importancia social de las políticas que amplían derechos, como las que afectan por ejemplo a homosexuales o mujeres. Lo que venimos a cuestionar que sea esta la única manera que tienen hoy los partidos de izquierda de reivindicarse a sí mismos, sin comprometer demasiado los intereses sistémicos del mercado capitalista (libre circulación de capitales, potenciación de la oferta, flexibilización de los mercados de trabajo, descentralización empresarial o falta de compromisos reales en materia medioambiental, como quedó de relevancia en la Cumbre de Copenhague de diciembre de 2009)».

En efecto, resulta molesta la contraposición que se suele hacer desde las huestes identitarias y posmodernistas al contraponer la ampliación de derechos civiles al eje socioeconómico. No hay división válida al respecto. Se puede y debe ambicionar un incremento de los primeros, sin obviar las tres décadas de retroceso que llevamos en relación con la impugnación de estructuras económicas íntimamente relacionadas con la desigualdad social. Devolver a la centralidad de la agenda política un análisis materialista de la realidad no implica aceptar planteamientos retrógrados o tradicionalistas en materia de derechos civiles. La crítica de Seco y Rodríguez Prieto afirma la existencia de una oportunidad perdida:

> El denominado postmarxismo debilitó gravemente las posiciones de izquierda. La emergencia de diferentes colectivos sociales y sus demandas diferenciadas de los partidos tradicionales fue una oportunidad histórica para fortalecer a la izquierda. Sin embargo, no fue así. Lejos de fortalecerse, se fragmentó y al centrar el discurso en las cuestiones identitarias o culturalistas, ahora entendidas como categorías analíticas de la sociedad, se dejó a un lado el objetivo que ha vertebrado históricamente a la izquierda: la clase social y las propuestas sociales transformadoras.
>
> [...]
>
> El viraje radical hacia la comprensión fragmentada de problemas como el género, la cultura, la etnia o la identidad acabó por distraer a la izquierda de una comprensión relacional y global de los mismos.

Esta fragmentación identitaria de la clase social tiene su manifestación quizás más visible en la conversión de la diversidad en un valor absoluto de las izquierdas posmodernas. ¿Es que acaso la diversidad es un valor en sí mismo, un cauce para la transformación social? En materia de derechos laborales y económicos, en materia de fiscalidad, de educación o de sanidad, la pretendidamente positiva diversidad suele encubrir un estado de cosas desigualitario, en el que siempre pierden los trabajadores, cada vez más depauperados. En materia de derechos, la diversidad, lejos de ser un valor, se suele convertir en un blanqueador de la desigualdad y el privilegio.

Volviendo a la implosión del debate racional, como ha señalado en numerosas ocasiones Félix Ovejero, mostrando especial atención al fenómeno en *La deriva reaccionaria de la izquierda*, el gran problema de la ideología *woke*, y en general de todas las impugnaciones irracionalistas de la izquierda, es la apelación al sentimiento, una verdadera excusa para evitar el debate. Lo dice Ovejero en una respuesta a Julio Valdeón en *La razón en marcha*:

> La locura es lo sucedido con la estrategia *woke*. Más o menos, la cosa funciona así: Esta idea puede que sea veraz, pero no quiero ni discutirla porque me ofende sea o no cierta. Se trata de la cancelación de la razón en nombre del sentimiento. O, peor aún, de convertir el sentimiento en argumento. Esto me ofende, entonces es falso. Es creer que una emoción puede justificar una prohibición, que te permite acallar a los demás.

Así están las cosas. Por el flanco derecho, asomando una reacción identitaria de corte trumpista, con sus diferentes variantes, que vuelve a invocar la tradición como argumento, en su versión más genuinamente reaccionaria. Aún más triste, desde el flanco de las izquierdas, herederas de la mejor tradición racionalista, empecinadas en sus vertientes identitarias en practicar un moralismo censor y sentimentalizando el debate público hasta poner en tela de juicio la mera posibilidad de que este discurra por cauces racionales. El debate público, debido a las derivas irracionalistas de la izquierda reaccionaria, ha quedado encapsulado y degradado.

En el debate sobre políticas de la identidad de *Gen Playz* viví en primera persona una experiencia de irracionalismo y cancelación. Varias contertulias mostraron su indignación por el hecho de que un ciudadano como yo, al que se le había invitado precisamente para debatir, osase dar su opinión sobre temas presuntamente ajenos a su «identidad». ¿Qué sabía yo de las cosas de los negros o de las personas trans? Con ser grave esa pulsión censora, el trasfondo ideológico era aún peor: considerar que había cuestiones privativas de algunos grupos identitarios cerrados, como si los criterios de justicia, igualdad y libertad no fueran de aplicación y comprensión para todos. Se arremetía contra la idea misma de un debate racional: «El problema es ese concepto de racionalización que ha tenido siempre el hombre blanco europeo [...] lo queréis racionalizar todo y ¡no!». Apenas pude tirar de ironía en la respuesta: «Hay que socavar la razón, ¿no?».

Las políticas de la identidad: algunos estragos legislativos

Íntimamente relacionadas con los fundamentos teóricos de la deriva identitaria encontramos algunas políticas que han generado ríos de tinta polémica en un debate público español atrapado por la maraña identitaria.

La célebre ley trans ha supuesto un desembarco en la legislación de criterios abiertamente antirracionalistas, relativistas y subjetivistas, que por cierto parecen distar mucho de una efectiva protección de las personas transexuales. Como explican en su ensayo Marino Pérez y José Errasti, *Nadie nace en un cuerpo equivocado*, el generismo *queer* entronca claramente con «un espíritu de los tiempos propicio». Ese no es otro que «un individualismo extremo, que potencia mitos respecto a un yo auténtico, a una identidad íntima, a un sentimentalismo radical que entiende que la subjetividad se autogenera en el propio individuo y es la escala que ha de actuar como la medida de todas las cosas».

En efecto, la reflexión es más que adecuada: las políticas de la identidad aparecen afectadas por un vicio abiertamente neoliberal, que no es otro que la exaltación de un individualismo extremo. Nada que ver con la emancipación del ser humano, norte de igual libertad que, desde el enfoque socialista y universalista que sostenemos aquí, resulta imprescindible. Al revés, el planteamiento identitario cuestiona las limitaciones de la realidad hasta chocar con los propios criterios científicos, de ahí que se produzca una confusión interesada y extravagante entre el género y el sexo. Se persigue dar cauce legal a una suerte de eclosión de narcisismo radical que ambiciona encontrar en el interior una especie de esencialismo identitario del «yo», un solipsismo posmoderno en virtud del cual solo el individuo puede conocerse a sí mismo si tiene acceso su esencia íntima; y en su virtud solo yo puedo decidir quién soy, con abstracción de las condiciones materiales en las que mi desarrollo personal se lleva a cabo.

Es ahí donde aparece la idea de la autodeterminación, relacionada de manera directa con la idea negativa de libertad, la propia de las teorías liberales. La «ausencia de interferencias». «El mismo recorrido presenta la idea de autodeterminación, que también salta de los pueblos a los individuos, manteniendo intacto en los dos puntos del trayecto su carga metafísica e ideológica. Ha llegado el momento de defender la autodeterminación de la persona individual, la autodeterminación de su personalidad, "la libre determinación de la personalidad", palabras literalmente tomadas de textos jurídicos, sin que quede claro qué añade libre a autodeterminación, aparte de retórica vacía y, por supuesto, la autodeterminación del género e incluso del sexo a poco que se exalte el legislador», afirman Errasti y Pérez.

En esas nos encontramos en la agenda legislativa de nuestro día a día. Sin ser este el espacio idóneo para abordar la ley trans, lo cierto es que llama la atención que la prioridad legislativa no sea implementar políticas que busquen de forma efectiva reparar la discriminación que sufre un colectivo así, muy ligada a la clase social o a la condición económica, mezclada esta situación con factores nada desdeñables de minorías históricamente perseguidas y hostigadas. Más que afianzar el cumplimiento de los derechos y las garantías de todos, como ciudadanos de una comunidad política, la aproximación es de nuevo identitaria y, por tanto, desprecia el concepto mismo de ciudadanía y las políticas de corte universalista para la emancipación. Se abre la puerta a la autodeterminación de género, cayendo en los viejos estereotipos sexistas que los reaccionarios clásicos siempre habían defendido. Se obvia la agenda feminista clásica, que busca la abolición del género. Y en última instancia, la confusión generalizada, con enormes externalidades negativas para la infancia y las propias mujeres, no mejora en nada la vida de las personas transexuales.

No se puede entender la agenda legislativa identitaria sin entender el espíritu de época individualista que resulta hegemónico. Si la derecha triunfa en la imposición de una hegemonía económica que ha desmontado la redistribución, operando una regresión en los sistemas de progresividad fiscal, liberalizado los mercados de trabajo de forma abrupta y operado una captura del regulador financiero, se suele atribuir a la izquierda un triunfo en el debate cultural a través de un presunto dominio del «marxismo cultural» en materia de ideas y formas de relación social. Nada más alejado de la realidad: el individualismo más atroz se ha impuesto también, por la vía identitaria, en las relaciones sociales y en la hegemonía cultural. Nada que ver con el individuo libre que propugnan las tradiciones socialista y republicana, que aquí defendemos con ahínco: un ciudadano con derechos plenos y que decide en igual libertad respecto a los demás, sin sometimiento a la tiranía del origen. El individualismo entronizado no solo a través del fundamentalismo de mercado, sino también del posmodernismo y las políticas de identidad, es el mismo que desmonta la acción colectiva y la propia noción de lo común y remite a una satisfacción inmediata y narcisista del individuo, convertido en un consumidor al que se busca complacer de forma urgente. En este punto se introduce la propia noción de autodeterminación, sea cual fuere el adjetivo o sintagma que la acompañe. Uno puede ser lo que quiera llegar a ser, sin otro límite que el de su propia voluntad. Ahí se establece una relación profundamente individualista y narcisista entre el sentimiento y la voluntad individual, que termina remitiendo a ese esencialismo identitario.

Repárese en los riesgos que conllevan las políticas identitarias de carácter fragmentario, que, descomponiendo la noción del «nosotros» en favor de un «yo» supremo y aislado, alientan las reacciones comunitarias de signo presuntamente opuesto. Es muy previsible que, ante los dogmatismos posmodernos, aparezcan como aparentes soluciones los viejos fundamentalismos premodernos: el sexismo patriarcal, el racismo, el tribalismo, el tradicionalismo, la reacción restrictiva frente a los derechos civiles, los integrismos religiosos o las idealizaciones neofeudales. Son dos caras de una misma moneda. Por ello es fundamental desmontar la pinza que se proyecta sobre la emancipación colectiva entre un individualismo extremo, casi solipsista, fomentado por intereses económicos del mercado y por la mezcla de agendas particularistas de corte identitario, y los reaccionarios tradicionales, que, con la excusa de no someterse a las inquisiciones posmodernas, buscan un antídoto tradicional de implicaciones idénticamente reñidas con la igualdad y con la noción misma de ciudadanía.

La instrucción pública republicana: ¿otra bandera regalada a la derecha?

Uno de los ámbitos donde la izquierda ha sido especialmente traicionada es el de la educación pública. Como nos ha recordado tantas veces Fernando Savater, la educación es la lucha contra las fatalidades sociales, contra la peor de todas las fatalidades sociales: «que los hijos de los pobres sean pobres y los hijos de los ignorantes sean ignorantes».

Haríamos mal en extraer conclusiones drásticas de esta acertada intuición. No se trata de conceder a la educación poderes taumatúrgicos: sin políticas económicas, productivas, fiscales, laborales o de vivienda, por poner algunos ejemplos, que tengan una verdadera vocación de transformación social, la educación no podrá desempeñar por sí sola un papel transformador. Ahora bien, mal haríamos en devaluar su importancia. Es por ello por lo que yerran completamente los conservadores y liberales-libertarianos de todo pelaje, de esos que abundan en tertulias y simposios, inundándolos de prejuicios antiestatistas, transmitiendo una caricatura de la educación como si esta fuera una cuestión de índole privada, exclusivamente entre padres e hijos. Se confunden, en el mejor de los casos, si no hemos de atribuirles ninguna intencionalidad en sus dogmáticos discursos. Lógicamente, los hijos no son de los padres: no se educa para vivir de puertas para adentro, ni para convertirnos en dignos sucesores de nuestros progenitores. Más bien, la finalidad de la educación es la diametralmente opuesta. Se educa para vivir y convivir en sociedad. Por eso, aunque esto chirríe sobre todo entre nuestros reaccionarios de guardia, con frecuencia se ha de educar «contra» los padres. Se ha de ofrecer a los niños y niñas un conocimiento científico y humanístico más allá de lo que tus padres valoren. Como acertadamente señaló el psicólogo José Errasti en la tertulia de educación de *El Jacobino*, «al niño se le enseñará matemáticas o literatura, aunque en su casa ninguna de estas materias sea importante; como socialmente valoramos su importancia para convertirte en ciudadano, es por lo que se te habrá de enseñar». No, la educación no es una esfera privada que sirve para perpetuar el linaje o para hacernos reproductores de las inercias ideológicas, religiosas o morales de nuestros padres. Por todo ello, la intervención pública del Estado en la educación es ineludible.

¿Por qué el desprecio de una buena parte de la izquierda a la instrucción pública, tan genuinamente republicana? Una parte nada desdeñable de nuestra izquierda ha desarrollado una alergia a la transmisión de contenidos y conocimientos, a la memoria y a los sistemas clásicos de aprendizaje. Como han retratado con maestría Carlos Fernández Liria, Olga García Fernández y Enrique Galindo Ferrández en *Escuela o barbarie: entre el neoliberalismo salvaje y el delirio de la izquierda*, la izquierda ha eliminado la alusión al rigor científico y a la lucha de clases de su discurso sobre la escuela, o en el mejor de los casos los ha considerado «demodés», posicionándose, sin embargo, a favor de la reproducción del discurso pedagógico posmoderno que pone la educación por encima de la instrucción. Añaden con precisión quirúrgica los autores que, según este planteamiento, «puesto que la naturaleza humana es diversa en sus capacidades, hay que asumir que las desigualdades son las que son por naturaleza y que es labor de la escuela integrarlas. [...] Triunfa porque el capital ha dado rienda suelta (y financiación) a este discurso que, evidentemente, lo legitima. Por lo tanto, lejos de desarrollar el pensamiento racional, la escuela parece tener que adoptar los más diversos intereses, entre los cuales no van a poder estar ni el civismo, ni la autonomía, ni la emancipación de los hijos de los trabajadores, por mucho que la izquierda no renuncie a estos conceptos como mantra».

Efectivamente, en materia educativa se observa en pocos campos la pinza entre los intereses del capital y la genuflexión de esta izquierda sometida a la «*intelligentsia* pedagógica progresista». Mientras que se impugna como reaccionaria la misión esencial de transmisión de saberes y conocimientos verificables y rigurosos, tanto científicos como humanísticos, se lleva a cabo una imposición de nuevas metodologías aparentemente unida con la falsa idea de que cualquiera puede ser experto en el «acto de educar» o puede definir «qué es lo que se ha de aprender». El aprendizaje de conocimientos se impugna y, en consecuencia, se devalúa al profesor como experto en las diferentes materias. Como señalan los autores, «si el conocimiento queda desacreditado, se promociona la multiplicidad de redes escolares y el acceso universal a la enseñanza se produce bajo el parámetro de la libre elección de centro, que solo puede significar la existencia de una inversión económica desigual según las zonas o los barrios».

La democratización, ya no del saber, sino de la ignorancia es una política asumible y promocionable por el sistema capitalista, que garantiza a través de las redes privadas o concertadas la formación de élites que perpetúe la estratificación social y el linaje de los privilegiados. Por otra parte, se responde a una necesidad del sistema económico: una mano de obra adaptable para el «mundo real». Estas necesidades casan a la perfección con las políticas educativas tendentes a arrinconar todos aquellos saberes que no son tasables en términos de mercado. Véase lo que lleva ocurriendo con la formación clásica, humanística o filosófica, durante demasiados años. ¿Acaso las entidades bancarias que aterrizan en los campus universitarios y colonizan de forma inquietante su paisaje lo hacen de forma inocente? ¿Acaso cuando patrocinan simposios, jornadas, conferencias y universidades de verano no persiguen la efectiva tutela de sus propios intereses económicos? ¿Acaso esos mismos intereses no van anudados con la influencia de determinados grupos de presión económicos y empresariales en las políticas educativas hegemónicas de nuestro tiempo?

La devaluación de la instrucción pública de corte republicano que patrocina cierta izquierda posmoderna, empachada del banquete pedagógico en sus más fundamentalistas versiones, encaja de forma natural con las necesidades de mercado: la formación de mano de obra hábil, adaptable y sometida a unas condiciones laborales y económicas con frecuencia draconianas. Como se dice ahora, se persigue la formación de individuos resilientes, capaces de enfrentarse a cualquier situación. ¿O deberíamos decir, por ser más precisos, prestos y dispuestos a someterse, dócilmente, a cualquier abuso?

Más bien, la formulación edulcorada apunta a la cruel expulsión de niños formados en un sistema acolchado, de presuntas habilidades y aptitudes sustitutas de conocimientos y saberes, a un mercado laboral inclemente, en el que estarán sometidos a condiciones materiales penosas, a las que tendrán que adaptarse voluntariamente y sin cuestionarlas.

La privatización de la educación pública ya no se articula solo a través de las clásicas agendas reaccionarias: la de las formaciones conservadoras que consideran que la injerencia religiosa ha de filtrar la acción del Estado, condenándola a circunscribirse a la esfera privada como si la instrucción no debiera prefigurarse para formar ciudadanos que compartan el espacio público; o sus manifestaciones más libertarianas, que, tal vez sin el trasfondo clerical de los reaccionarios tradicionales, también subrayan el papel hegemónico de la familia a través del cheque escolar o de la libertad de elección de los padres, para condenar de nuevo al Estado a un papel subordinado. La privatización ahora también es abrazada por las izquierdas posmodernas, contrarias a la transmisión de contenidos y saberes, al valor del mérito y el esfuerzo, embelesadas por la hojarasca pedagógica de las capacidades y los sentimientos que, en el fondo, converge con aquellas otras manifestaciones de rechazo clásico al sistema de instrucción pública. Al devaluarlo, aunque las presuntas intenciones sean buenistas, solo se contribuye a cronificar la estratificación social, y que, al contrario de lo que decíamos antes, la educación sea cada vez más inútil e inerme frente al linaje, ante la fatalidad social y ante la tiranía del origen.

5

Ciudadanía, el horizonte pendiente: inmigración, libre circulación y reacción identitaria

Uno de los temas tabú para la izquierda es, sin duda, la inmigración. Parece obligatorio moverse dentro de tres coordenadas que se retroalimentan: guardar un escrupuloso silencio sobre el asunto y abandonarlo en las manos de la derecha identitaria y reaccionaria que ataca con fuerza en medio mundo; optar por un buenismo carente de todo anclaje con la realidad que, con facilidad, sea utilizado por el liberalismo económico para subordinar los derechos de las personas a las fuerzas del mercado; entregarse a una suerte de mezcla extraña de alternativas populistas que emborronan el programa de emancipación clásico de las izquierdas y tratan de sustituirlo por una preservación de esencias, tradiciones y, cómo no, identidades culturales que se encuentran amenazadas, como si esas identidades merecieran una especial protección o, peor aún, tuvieran algo que ver con el horizonte de emancipación de las izquierdas.

Las tres opciones formuladas sobre inmigración conducen a un callejón sin salida de implicaciones reaccionarias. No sabríamos precisar cuál nos lleva a un escenario peor. La izquierda, en su tradición de corte racionalista, socialista e ilustrada, debe tomar partido en el debate público, pero no para capitular ante nadie, sino para pensar críticamente cómo enfrentar un fenómeno complejo sin traicionarse a sí misma. No hay soluciones mágicas, razón de más para no adoptar ningún atajo reaccionario, ya sea identitario-tribal o capitalista-neoliberal.

Si nos aproximamos a la situación con el mínimo rigor exigible, cabría comenzar por lo obvio. Las fronteras suponen, todas y sin excepción, un enclaustramiento cierto y arbitrario del espacio de ciudadanía. Y eso, en el mejor de los casos, en el supuesto de que el enclaustramiento que dibuja la frontera no resulte opresor, por reducir el espacio político donde se es titular de derechos, y, además, como ocurre en no pocos de los países desde donde miles de personas huyen en masa, porque ese espacio político no respete los estándares democráticos más básicos. Aclaradas las bases, es indudable que existe una tensión entre el universalismo y la existencia de Estados nación. Si las fronteras son arbitrarias y ninguno ha elegido a qué lado de la frontera cae, ¿no resulta injusta una limitación al ideal de ciudadanía, incómoda para quien defiende la inspiración racional y universalista de la nación política? Sin embargo, la extrapolación de la ciudadanía democrática más allá de una frontera, más allá de cualquier frontera, se encuentra con una limitación obvia: el principio de realidad. ¿Cómo se puede despreciar el Estado nación moderno, sobre todo cuando se funden en su seno los principios de derecho, democrático y social, cuando es este precisamente el único instrumento con capacidades ejecutivas para garantizar derechos y libertades? ¿No es en el contexto actual un lujo permitirse retóricas anarquizantes cuando el Estado puede ser el único instrumento en manos de las clases trabajadoras para su emancipación?

Por mucho que se predique la necesidad de realizar los derechos humanos como fin último del Estado de derecho —tesis conocida y sostenida por, entre otros, el profesor Elías Díaz—, si el derecho positivo de ese Estado no garantiza los derechos fundamentales del ciudadano, los derechos humanos corren el serio riesgo de esfumarse en una esfera idealista estéril. Sin un Estado que permita transformar esos principios informadores en derechos de ciudadanía tangibles, política y jurídicamente exigibles, no tenemos nada. No significa esto que el instrumento de garantía de derechos y deberes, de implementación material de nuestra ciudadanía, solo pueda operar en un perímetro nacional, pero a la vista de la realidad está que los procesos de conformación de espacios políticos supranacionales están en el momento presente inacabados, o han seguido, como ocurre en el caso de la Unión Europea, unas directrices que priorizan la libertad de los capitales respecto a los derechos de las personas.

Reconocer las tensiones, por tanto, entre el universalismo socialista y la existencia de Estados nación no nos puede conducir tampoco a negar que es precisamente en el espacio de la comunidad política nacional donde los principios revolucionarios se han realizado, al menos en parte, y, con ellos, en buena medida muchos de los principios del socialismo: libertad, igualdad, fraternidad, unidad e indivisibilidad de la República. Es precisamente en el Estado nación donde terminó cristalizando el ideal de ciudadanía.

La Unión Europea, que fue delimitada por los parámetros del Acta Única en 1989 y consolidada a través del Tratado de Maastricht, ciertamente ha estado guiada por un principio rector que sobresalía por encima de cualquier otro: la libre circulación de capitales y mercancías. El principio citado, clave en la globalización económica neoliberal, constituye el nudo gordiano de una serie de políticas de desregulación y especulación por completo letales. Los aditivos que acompañaron a ese principio fueron más retóricos que reales. La Unión Europea no es una verdadera unión política y dista mucho de ser un Estado supranacional con un *demos* integrado. Si se optó por excluir de su configuración la idea de unión fiscal y presupuestaria, aun a sabiendas de las enormes distorsiones que generaba la moneda única en una zona monetaria no óptima, con un Banco Central Europeo sesgado desde su propia configuración, era por las obvias razones de que el peso hegemónico en esa configuración recaía sobre una ideología refractaria a los principios esenciales del Estado social.

Por tanto, la expansión del perímetro de ciudadanía no es suficiente: si se hace desde las coordenadas del liberalismo económico, lo que termina ocurriendo es un vaciado del concepto de ciudadanía y la plasmación errática y disfuncional de espacios de libre circulación de capitales, moneda única y libertad comercial, en el que los derechos sociales de las personas aparecen subordinados por completo a los intereses del «mercado» o, cabría decir con más precisión, a los intereses de los países que hegemonizan esa unión monetaria y a los que los derechos de ciudadanía de los habitantes de un sur periférico y subordinado les importan bien poco.

Por tanto, cabría alertar ante las prescripciones que suelen provenir desde las filas de escuelas de economía neoliberal, como la Escuela Austríaca, cuando, tratando de blanquear la única libertad que interesa al fundamentalismo de mercado, se apela a la libre circulación de personas, a una política de fronteras abiertas. Sin duda, la inmigración puede ser una oportunidad en una crisis demográfica como la que sufre Europa, pero todo ello es demasiado complejo como para exigir precisión y cautela. Ante la clamorosa inexistencia de un Estado europeo o de un demos integrado a través de una verdadera unión fiscal, presupuestaria o social, con los Estados nación del sur de Europa inmersos en un proceso de degradación inexorable de los servicios públicos y de destrucción de las condiciones laborales tras décadas compitiendo en salarios a través de las nefastas políticas de devaluación interna, ¿no es previsible que una política de fronteras abiertas sin mecanismos políticos de control de los mercados y de planificación económica se convertiría inevitablemente en un masivo descenso de los salarios? En definitiva, cuando la Escuela Austríaca o el Instituto Juan de Mariana abogan por una política de fronteras abiertas no lo hacen pensando en el infortunio brutal de unas fronteras arbitrarias que nadie elige y que generan distorsiones inaceptables, incluso desde el plano moral, por cuanto nadie tiene responsabilidad alguna de haber caído al lado malo de la frontera. Ese no es el punto que incomoda a los neoliberales, porque, si así fuera, también se rebelarían contra la tiranía de los orígenes que conlleva la herencia, que genera desequilibrios desde el nacimiento y que, con relevante frecuencia, provoca brechas irreversibles a lo largo de toda nuestra vida. Pero no, los economistas austríacos y en general todos los devotos del libre mercado son furibundos detractores del impuesto de sucesiones —y de cualquier política redistributiva—, dando por bueno el origen familiar y socioeconómico como el orden natural de las cosas, aunque encubriendo la salvaje prescripción darwinista a favor del «sálvese quien pueda» con una presunta oposición a cualquier intervención estatal, puesto que nadie puede garantizar que esa intervención no empeore el estado de cosas preexistente.

En un mundo globalizado en el que la financiarización de la economía, la desregulación y las deslocalizaciones productivas han generado enormes tensiones y desigualdades, maximizadas por el desbordamiento de los espacios de la política y la democracia, con frecuencia arrodilladas ante fuerzas que escapan de cualquier control democrático, abogar por una libre circulación de las personas en términos neoliberales esconde una trampa: arrincona en el debate la verdadera finalidad, que es generar mano de obra barata para la explotación generalizada de los trabajadores. Nada que ver con la perspectiva de emancipación socialista y universalista sostenida en estas páginas: que nadie esté sometido al poder arbitrario de otro y, desde luego, tampoco al enorme poder arbitrario del contexto socioeconómico y familiar en el que cada uno nace, de la frontera azarosa donde tiene la fortuna o la desgracia de nacer, de la tradición o la religión que se le impone y que le puede condicionar o lastrar en su desarrollo como persona. Como es fácil de entender, la emancipación que defiende una perspectiva socialista y universalista difiere sustancialmente de la defensa de la fluctuación de mano de obra barata por la que apostaba el CEO de Glovo, Sacha Michaud: no se trata de tener una vida flotante por necesidad, combinando trabajos basura en diferentes ciudades, sino de dominar esa necesidad y poder elegir los horizontes de vida sin interferencia de ningún poder arbitrario, de ninguna circunstancia que nos domine y someta. La emancipación es incompatible con la dominación económica que implica para millones de personas en el mundo una libertad restringida a la circulación de capitales, que coexiste con la tiranía, la opresión y la miseria de tantos seres humanos incapaces de gobernar mínimamente sus vidas.

Nativos frente a ciudadanos

Sin embargo, esta crítica desde el socialismo a la apertura de fronteras neoliberal y a la dilución de los espacios de ciudadanía en un tipo de vacío político subordinado a las reglas del mercado, que sin resultar novedosa sí que es necesaria, no puede fundirse con las propuestas reaccionarias que tratan de erigirse en la salvación de unas formas de vida tradicionales amenazadas por la modernidad. Entre otras cosas porque la familia, la patria, la religión o la tradición pueden también ser, y ejemplos hay múltiples a lo largo de la historia, fuentes de inequidad, injusticia y brutalidad. La emancipación de las personas es, precisamente, incompatible con una defensa del regreso identitario a la tribu, en la que guarecerse frente a los claroscuros de la globalización.

Por tanto, es imprescindible que seamos capaces de desenmascarar a los reaccionarios que tratan de blindar la comunidad política de cualquier injerencia externa y que, incluso, utilizan a veces pretextos económicos para encubrir sus verdaderas razones, siempre flotando en torno a la pegajosa, metafísica e insoportable «identidad cultural».

Resultaría condición *sine qua non* para que estuviéramos ante una verdadera conquista civilizatoria la garantía de que ese perímetro que engloba la frontera sea un espacio sano, limpio de atavismos étnicos e identitarios. Quienes pretenden crear fronteras basadas en las identidades únicas y excluyentes, monolíticas, uniformes y totalizadoras, abocan al colapso de la convivencia cívica y democrática. El laicismo religioso e identitario no es, en modo alguno, un capricho o una licencia retórica, sino la garantía de que la frontera, siendo un elemento constitutivamente arbitrario, al menos no suponga un escollo perentorio para los derechos, sino una delimitación espacial en su ejercicio. Latiendo siempre en su génesis la posibilidad de superación, la posibilidad de extrapolar nuestra condición de ciudadanos al mayor número de personas, la capacidad de reducir de la forma más ambiciosa el número de extranjeros a los que una frontera —el lado malo de la frontera— priva de garantías y derechos.

Cualquier persona que no viva atrapada en la perpetua adolescencia sabe que la superación de las fronteras mañana mismo es un proyecto tan realista como la derogación por decreto de la ley de la gravedad. El único programa real y tangible que puede sostener con pretensión de éxito esa tesis es, precisamente, la de nuestros fundamentalistas de mercado, como vemos entusiasmados con el debilitamiento de los espacios políticos, incluso por la secesión plebiscitaria, y en su progresiva dilución en una suerte de mercado global sin barreras. La cara B de ese proyecto, como decíamos, es que las personas aparecen subordinadas al interés de un capital cuyo rendimiento se basa en dinámicas especulativas, destrucción del planeta en cuanto a sostenibilidad e incremento significativo de las desigualdades.

¿Qué puede propugnarse desde una izquierda que no se resigne cómodamente a elegir entre el atajo nacional-populista e identitario del regreso a la tribu que preserva la identidad cultural de las comunidades y la alternativa neoliberal de primacía de la libertad de los capitales sobre los derechos de las personas?

Primero, como ya hemos reclamado a lo largo de este libro, entender en su integridad el concepto de ciudadanía, precisamente el mismo que no entienden los que viven siempre abducidos por el brillo oscuro de la frontera, quienes se entregan al ensimismamiento respecto de los hechos fortuitos y casuales de la biografía o la biología. Salvini, Meloni, Torra o Puigdemont, tanto da. El Frente Nacional de aquí o de allá, la Liga Norte de un perímetro u otro, los Verdaderos Finlandeses, la españolidad al modo de Vox («la españolidad no es un DNI») o los catalanes de pura cepa, la sublimación identitaria puede cambiar en las coordenadas espacio-tiempo, pero no en sus fundamentos. La ultraderecha nacional-identitaria que, en la sublimación de la idiotez, a veces se autoproclama izquierdista. Quienes fantasean con la regresión jurídica hacia los rigores de una comunidad esencialista, como si las fronteras debieran servir para enclaustrar nativos enraizados a sus orígenes, y no ciudadanos de pleno derecho, con independencia de los avatares natalicios de cada cual. Como si Marine Le Pen fuera más y mejor ciudadana francesa que Mamoudou Gassama, aquel inmigrante maliense que trepó cuatro plantas de un edifico de París para rescatar a un niño a punto de precipitarse por la terraza, demostrando un compromiso cívico bastante mayor que el de cualquier racista devoto de las purezas identitarias. Al contrario de lo que los nativistas señalan, la ciudadanía no tiene que ver con la raza o la etnia, sino con la pertenencia a la comunidad política democrática, asumiendo los criterios de igualdad, justicia y libertad para todos que deben inspiran las leyes comunes. Al menos si nos tomamos en serio la civilización. De eso va el ideal democrático, la herencia más emancipadora de las revoluciones ilustradas: la defensa de los espacios políticos cimentados en unas reglas racionales, justas e iguales para todos, sin excepciones ni privilegios con arreglo a la identidad, color, raza o renta. Ese debería ser un compromiso inquebrantable para la izquierda.

Las fronteras, producto de decantaciones históricas plurales como guerras, tratados, enlaces matrimoniales y sangre, en especial mucha sangre, no son un bien superlativo, como los xenófobos de cada rincón repiten a diario. Pero tampoco podemos acometer su superación con frivolidad infantil. Uno de los peligros más reales que enfrentamos, en esta hora de micronacionalismos egoístas y particularismos miopes, es la tentación de admitir la fragmentación arbitraria de los Estados nación en pequeñas parcelas políticamente irrelevantes —pero fiscalmente apetecibles para los enemigos de la solidaridad—, creadas con patrones identitarios y excluyentes. Tamaña aberración es comparable a la obstinación xenófoba de quien preconiza proscribir la expansión de ciudadanía a los extranjeros que se juegan la vida para acceder a la misma, aunque en ese caso con un plus de perfidia, pues se persigue desproveer de ciudadanía y convertir en extranjero a quien ya es ciudadano.

En España ocurre un fenómeno sombrío: la paradoja de los presuntos progresistas que encubren tras su disfraz de diversidad cultural un furibundo e impenitente racismo. Recuerde aquella confesión de parte del independentista que agredió a una ciudadana española de origen ruso allá por

2018 en el parque de la Ciudadela: «extranjera de mierda». En aquel entonces, reflexioné sobre lo sucedido en términos que siguen hoy vigentes:

> «Cállate la boca, extranjera de mierda.» Las palabras aún retumban en mi cabeza, aunque quien tuvo que escucharlas fue la ciudadana española de origen ruso agredida a golpes en Barcelona. Sus hijos quitaban los lazos amarillos de una verja del parque de la Ciudadela. El parte médico habla de un ojo morado y fractura del tabique nasal. El poso ético de la agresión deja conclusiones aún más sombrías: un fantasma de odio, intolerancia y xenofobia ha llegado a los espacios públicos de nuestro país para degradarlos definitivamente.
>
> Hace unas semanas, recorriendo las calles de la parte vieja de Bilbao, pude contemplar numerosos estandartes independentistas catalanes, símbolos de solidaridad con los presos de ETA, así como proclamas que ponían negro sobre blanco la voluntad de romper con España y con los demás ciudadanos españoles. Junto a todas esas proclamas, a escasos metros, proliferaba un número equivalente de lemas y estandartes por medio de los cuales se daba la bienvenida a los refugiados. La hipocresía más cruda en fase superior.
>
> Mal haríamos en mirar a otro lado o en minimizar lo que está ocurriendo en nuestro país. El espacio político, las instituciones y la calle —foro público por excelencia en un sistema democrático— hoy están contaminados de toda suerte de prejuicios privados y particulares. Prejuicios que destilan supremacismo, odio y racismo. Bilis por doquier. El nacionalismo no puede ni debe ser absuelto de ese clima de odio e intolerancia: en su ADN ideológico está la sublimación de un hecho fortuito como el lugar de nacimiento. Convertir ese

accidente biográfico en elemento de superioridad frente a todos aquellos que nacieron al otro lado de la frontera (real o imaginaria); ese es el corpus doctrinal de una ideología simple y oscura, al alcance de cualquiera que esté dispuesto a someterse a las peores pasiones del ser humano.

Bajo la apariencia formal de recibir con los brazos abiertos a quienes huyen de la guerra y los horrores que asolan nuestro mundo, late el íntimo desprecio a aquellos seres humanos que ya gozan de nuestra condición de conciudadanos. Condición que, precisamente, constituye el horizonte promisorio y de futuro hacia el que huyen esperanzados tantas mujeres y hombres que tuvieron la desgracia de nacer en otras latitudes más cruentas y desgraciadas.

¿Es acaso compatible tal disociación?

Por supuesto que no lo es. Se trata del paroxismo de la hipocresía más nauseabunda. La sublimación de una hedionda doble moral. O, en el mejor de los casos, la constatación de una palmaria necedad.

Las fronteras, digámoslo hasta que nos queden fuerzas, no son elegidas por ningún ser humano. Sentirse orgulloso o avergonzado de haber nacido en un lado o en otro constituye, por lo tanto, un absurdo sideral. Enorgullecerse de nuestras obras y avergonzarse de nuestros desatinos cae del lado de la racionalidad. Envanecerse o pedir disculpas por un accidente geográfico, por el avatar fortuito de nuestra biografía, carece, en cambio, del menor sentido.

Las fronteras nos vienen dadas. Son producto de decantaciones históricas de lo más variado: enlaces matrimoniales, tratados internacionales, guerras, opresión colonial o sangre. Con cierta frecuencia, mucha sangre. Cualquier persona sana de espíritu debiera alegrarse del emborronamiento de una frontera, siempre que ello desemboque en la ampliación de un espacio político de derechos y garantías, regido por leyes justas e iguales para todos. Ese es el mejor pulso de Europa. La conquista de una ciudadanía democrática, laica, en donde nadie venga exigido a sentirse de aquí o de allá, bastando simplemente que conozca las implicaciones reales de su condición de ciudadano. Entre esas implicaciones está la más básica y elemental: sobre lo que es de todos, decidimos entre todos.

Nuestras obligaciones internacionales para con los refugiados, así como el desafío de una inmigración masiva que exige regulación y políticas comunitarias coordinadas y simétricas, nos revela una verdad ineludible: el que cae del lado malo de la frontera es tan responsable de ello como el que tiene la suerte de nacer en el lado bueno. ¿Y cuál es esa responsabilidad? Ninguna, lisa y llanamente ninguna.

No podemos acometer el fin de las fronteras de la noche a la mañana, porque nos toparíamos con el principio de realidad y sus inexorables limitaciones. La superación de las fronteras no puede sino devenir en la consolidación de espacios de ciudadanía reales, nunca en limbos en donde no rija más ley que la arbitrariedad de unos pocos. En el ínterin, sin perder de vista el horizonte universalista, sí podemos ir desechando al basurero de la Historia las peores pulsiones humanas: el nacionalismo que persigue dibujar nuevas fronteras donde antes no las había, levantar muros que nos separen y dividan, convertir en extranjeros a aquellos que hasta ayer mismo han sido nuestros conciudadanos, es una de esas pulsiones. Acaso la más nociva y espuria.

No son pocos en el mundo los que sienten una honda y ya confesable seducción por las fronteras. Incluso por generar nuevas fronteras. Ubicuamente. Comparten una cosmovisión cerrada e indigna, y creen que haber nacido aquí o allá nos hace mejores o peores. A eso se reduce su visión de las cosas. Los disfraces que utilizan no deben distraernos cuando de desenmascararlos se trate. Llámense Salvini, Le Pen, Torra o Puigdemont. No hay falsa bula progresista para ninguno de estos sujetos.

Algunos incluso, llevando hasta las últimas consecuencias sus instintos ideológicos más primarios, agreden a los que reivindican un espacio público de todos, sea cual fuere nuestra partida de nacimiento. No soportan que seres humanos sanos de espíritu, saludablemente mestizos, sean mejores ciudadanos que ellos, ignominiosos racistas.

O para que nos entiendan, racistas de mierda.

La sombría reacción identitaria

Ahora que tanto se habla de libertad, convendría tomarse en serio las implicaciones de esa hermosa palabra en un contexto socioeconómico tan complicado como el presente. ¿Acaso alguien piensa que somos igualmente libres? Parece claro que carecemos de libertad para desarrollar nuestra vida si estamos sometidos a poderes arbitrarios: el origen social y familiar que determina desigualdades de partida y nos condiciona de manera sustancial, la necesidad extrema, la pobreza, la precariedad, los estragos de una economía «uberizada» o los recortes sociales que lastran las posibilidades de los que menos tienen. Como recordaba Sancho Panza, «dos linajes solos hay en el mundo, que son el tener y el no tener». Cualquier proyecto realmente comprometido con la emancipación del ser humano debe articularse contra la tiranía de los orígenes, la que cronifica esos dos linajes y sepulta la verdadera libertad de los seres humanos.

En paralelo, las consecuencias económicas del capitalismo determinan las formas culturales hegemónicas en la organización social. Así, asistimos a la decantación de sociedades caracterizadas por un individualismo creciente, que se ve espoleado por la inestabilidad laboral y vital, así como por la falta de garantías para desarrollar una vida que no esté sometida a la constante incertidumbre. Estas situaciones son con frecuencia aprovechadas por parte de los poderes económicos para blanquear como «oportunidades» carencias materiales sangrantes, como tener que compartir una vivienda con otros porque no puedes pagártela —no porque realmente desees esa experiencia— o verte obligado a transformar tus vacaciones en un híbrido entre trabajo y presunto descanso, sufriendo una clara pérdida de derechos.

La economía de falsos autónomos y fraude laboral estructural, por muy colaborativa que se presente, es vorazmente competitiva: el último contra el penúltimo en una aplicación de móvil controlada por una compañía transnacional que penaliza cualquier «desconexión» y que te obliga a estar todo el día «activo», es decir, explotado. El compañero ya no es compañero, sino competidor. La negociación colectiva se socava y se sustituye por la rivalidad individual.

Siendo todo lo anterior consecuencia tangible de este capitalismo financiero y tecnológico, cuyas transformaciones no están siendo conducidas por poderes democráticos, sino por estrictos criterios de rentabilidad del capital privado, la alternativa de emancipación no es, digámoslo por enésima vez, el regreso identitario ni las coaliciones transversales «antiliberales» en torno a ideas reaccionarias. Esta afirmación no es gratuita: el efecto pendular es una tentación permanente en política. Ante el identitarismo de los falsos progresistas, que criticaban con acierto Eric Hobsbawm o Mark Lilla, ese que diluye el proyecto de lo común de las izquierdas y encaja perfectamente con un capitalismo exacerbado y neoliberal, no es infrecuente encontrar respuestas identitarias por el flanco derecho, aunque algunos traten de revestirlas de una presunta transversalidad ideológica o de una vocación antisistema seductora para los perdedores de la globalización.

El mundo tradicional y previo a la globalización era complejo y problemático, y cualquier regreso a los claroscuros capitalistas se basa en una idealización de algún pasado bucólico inexistente, desembocando en una posición tan antimaterialista como reñida con la emancipación humana. Sus formas comunitarias de organización social podían no ser individualistas, pero no por ello garantizaban ningún edén terrenal: es más, la familia, la religión o la patria fueron muchas veces sinónimos de tiranía, opresión, violencia y dominación. Los derechos civiles y los niveles de igualdad jurídica y política que han sido alcanzados en la modernidad son conquistas de las clases trabajadoras, avances en la emancipación del ser humano, detrás de los cuales es sencillo encontrar el rastro del socialismo y la proyección universalista de la izquierda. Los regresos identitarios son idealistas y, con frecuencia, peligrosas quimeras reaccionarias.

Combatir el sustrato cultural individualista, flotante y desarraigado del individuo reducido a fuerza de trabajo en el actual sistema socioeconómico es una tarea imprescindible, pero nunca desde parámetros identitarios. El camino de una izquierda refractaria a cualquier atajo reaccionario pasa por defender la realización del ideal de ciudadanía bajo unas coordenadas económicas que permitan democratizar la producción, redistribuir la riqueza y garantizar así el desarrollo libre de la vida de las personas. El actual capitalismo dinamita la posibilidad de que ese individuo flotante sea un ciudadano con plenos derechos civiles, políticos y económicos. Pero eso no puede blanquear la cruzada identitaria que plantea un filtro religioso, étnico o cultural de la ciudadanía. La reacción que surge sobre las sombras del desarraigo y la anomia social a la que conduce este capitalismo «uberizado» es tan peligrosa como las causas que la espolean: estratificando a las personas en tribus, parroquias o grupos con pedigrí cultural «de primera» y otros «sospechosos de impureza» se conculca la noción misma de ciudadanía.

Aunque los devotos del tradicionalismo no lo comprendan, las sociedades democráticas ni son ni podrían ser uniformes culturalmente, como querrían los nacionalistas y los esencialistas de cualquier perímetro o frontera, sino diversas y plurales. Lo que es único y común es la condición de ciudadanía, una dimensión política que garantiza la titularidad compartida del espacio público, la unidad de justicia, distribución y decisión que pertenece a todos, sea cual fuere nuestra fe o ausencia de ella, nuestros gustos musicales o gastronómicos, nuestras preferencias literarias o nuestros colores futbolísticos. El identitarismo bueno no existe, tampoco aquel que se presume salvador frente a las izquierdas de la diversidad que han olvidado la causa de la igualdad.

También ese identitarismo tradicionalista y reaccionario plantea una concepción divisiva y nada cívica del espacio público, una estratificación prepolítica de la ciudadanía, un sinfín de batallitas culturales estériles, con frecuencia perfectamente domesticables por el poder económico y, al mismo tiempo, lesivas para algunos derechos civiles que resultan imprescindibles para la emancipación de los más débiles. Véase el caso de Vox, que, aunque no pierde ocasión de agitar el espantajo del globalismo y de George Soros, a la hora de articular propuestas políticas concretas, proyecta todos sus esfuerzos en cuestionar los derechos reproductivos de las mujeres y nunca en enfrentar los estragos sociales de un sistema laboral agresivo para millones de trabajadores.

Otro tanto podría decirse de quienes siguen albergando suspicacias con la defensa cívica de la comunidad política. La idea de nación política es indisociable de un proyecto coherente de izquierdas: libertad, igualdad y fraternidad no eran valores políticos sin espacio de realización. Este existía y era (es) formulado de manera cristalina: unidad e indivisibilidad de la república. El espacio político se democratizaba, ya no era patrimonio de un monarca o de un estamento privilegiado, sino del conjunto de los ciudadanos. El gran problema del perímetro nacional recae sobre quienes consideran insuficiente el fundamento político de la ciudadanía y plantean su filtro étnico, religioso o esencialista, y, de paso, la imposibilidad de ampliar su alcance. De ahí que siempre les parezca insuficiente la defensa política laica y universalista del espacio público. Es por ello por lo que siempre amagan con la tentación esencialista y reaccionaria de fundar el perímetro nacional y la comunidad política, otra vez, en criterios identitarios. Recuerden el nombre de aquel partido tan sintomático: los Verdaderos Finlandeses (en la actualidad, Partido de los Finlandeses), partido político de extrema derecha finlandés nacido en 1995, que ya es la segunda fuerza política del país y forma parte de su actual ejecutivo. Lo que no se alcanza a entender es el peligro divisivo y asfixiante del cerco identitario, que rompe las amarras de lo común. Lo apuntaba con precisión Martín Alonso Zarza: «El carácter fraccionador de las lógicas identitarias hace que cada vez estén más cerca los traidores, a la vez que mengua el espacio del nosotros. La pureza siempre amenaza con ponernos en el lado malo de la trinchera».

Con los reaccionarios de la identidad, ni a la vuelta de la esquina. Como cantaba el gran Javier Krahe, «hablamos otro idioma».

Una dirección democrática de la economía, ciudadanía real. Contra la geopolítica imperial

Resulta evidente la tensión entre una apertura fronteriza neoliberal y la destrucción de los espacios de ciudadanía a favor de los rigores de un capitalismo de casino que trate a las personas como simples costes laborales y la vocación de emancipación socialista. La izquierda debe asumir la realidad sin eternas tentaciones adolescentes. La libre circulación de personas en un contexto mundial sin instrumentos de gobierno o de regulación financiera, con deslocalizaciones productivas y competencia fiscal entre Estados conduciría a un escenario como el que ya conocemos: «uberización» del mercado laboral, abaratamiento de costes laborales, facilidades para el despido, desplazamiento de las relaciones laborales hacia ejes mercantiles o de derecho privado y descenso de salarios, así como degradación de condiciones generales de los trabajadores.

Quienes consideran que el análisis anterior aparece lastrado por una perspectiva demasiado centrada en los «perdedores de la globalización», en el sur de Europa o en el cinturón de óxido de Estados Unidos, núcleos desindustrializados y abocados a un descenso generalizado de las condiciones de vida de sus trabajadores, tienen parte de razón. Obviamente, esa es solo parte de la realidad. En una economía abierta, el paisaje no es homogéneo, sino que se caracteriza por sus desequilibrios. El problema es que quien quisiera argumentar que algunas partes del mundo se han beneficiado de la libertad comercial a gran escala, de la libre circulación de capitales o mercancías, al hacerlo, esconde necesariamente la letra pequeña de esa tesis. Esas deslocalizaciones que han podido industrializar lugares pobres o la fluctuación del capital sobre nuevos mercados se han llevado a cabo sin estar guiadas por ninguna planificación democrática, y, por tanto, no atendiendo a ningún criterio de bien común. Al revés, son las grandes empresas trasnacionales las que hoy encuentran nichos de mercado a través de sociedades pantalla o instrumentales, hallando fórmulas hacia el secreto bancario o el paraíso fiscal, de tal modo que son sus intereses contables y privados los que siempre se sobreponen a cualquier criterio de bien común o de utilidad social. En ese proceso, es tan cierto que se puede generar riqueza macroeconómica en algunos contextos como que se ha quebrado la redistribución de la riqueza y alejado el horizonte de emancipación para muchas personas, formalmente libres para desplazarse, pero materialmente desprovistas de cualquier derecho real.

Pretender que se acometa una política de inmigración inclusiva y sin controles en un solo Estado es tan utópico como pretender revertir la política económica neoliberal de la Unión Europea por tu cuenta y riesgo. Puede ser una buena intención, pero es irrealizable. También pone al descubierto las miserias de una integración política que no ha sido tal. Frente al ensimismamiento fronterizo, resulta obligatorio dar una férrea batalla en Europa para la revisión a fondo e ineludible de las políticas comunitarias. El desiderátum es rotundo: o se acomete una profunda rectificación en la senda de la integración y armonización política, económica y fiscal, o la Unión Europea se convertirá en un proyecto irreversiblemente fallido.

Los retos globales no pueden asumirse de forma improvisada ni tampoco de manera individual. No pueden aplicarse políticas de integración mientras que otros se envuelven en la bandera del nacionalismo más recalcitrante para propalar racismo y desprecio por la solidaridad. Las responsabilidades solidarias no pueden convertirse en mancomunadas o directamente individuales a discreción, cuando interesa a los socios menos dados a reconocer sus deberes y obrar con responsabilidad. En el fondo de la terrible crisis humanitaria se vislumbra una crisis estructural que debilita los cimientos de un proyecto necesario, un proyecto hermoso que no puede verse relegado a la nociva caricatura que anhelan algunos poderes económicos: la de un mercado desregulado y asimétrico donde siempre ganan los más fuertes.

Mención especial merece la política internacional, tantas veces abandonada a la vulneración sistemática del derecho internacional por parte de las diversas potencias imperialistas, así como a un doble rasero inaceptable. Respecto a los flujos migratorios, habría que reflexionar, si acaso de manera breve, sobre la política servil que nuestro país viene desplegando respecto al vecino Marruecos, especialmente significativa en los últimos tiempos.

La antigua colonia española del Sáhara fue ocupada de forma ilegal por Marruecos en 1976. Como recordaba la catedrática Araceli Mangas, la Resolución 2625/1970 de Naciones Unidas, vinculante según la jurisprudencia de la Corte Internacional de Justicia, dispone que «el Sáhara es un pueblo pendiente de decidir su Estatuto. No es un asunto interno de Marruecos, sino un territorio con un estatus jurídico distinto y separado de la administración *de facto* marroquí». Un territorio ocupado ilegal e ilegítimamente, en definitiva.

España, potencia administradora encargada de su descolonización, ha incumplido de forma flagrante y durante décadas los imperativos de la Corte expresados en octubre de 1975 y la obligación de convocar un referéndum de autodeterminación en el plazo de seis meses. En la trastienda del oprobio sufrido por los hijos de las nubes —esa hermosa fórmula con la que se conoce al pueblo saharaui— se sitúa la extrema debilidad geopolítica de España y la fuerte presión de un Marruecos que siempre ha contado con el apoyo explícito de dos potencias como Francia y Estados Unidos.

Como confesó en sus memorias José Manuel Otero Novas, antiguo ministro de Adolfo Suárez, la entrada de España en la OTAN no fue una decisión pacífica ni libre de coacciones. Estados Unidos presionó de forma explícita hasta el punto de recurrir al chantaje de patrocinar el independentismo canario por medio del grupo terrorista Movimiento por la Autodeterminación e Independencia del Archipiélago Canario (MPAIAC) y de su líder, Antonio Cubillo. A España no se le permitía, en las postrimerías de la Guerra Fría, optar por una posición neutral en materia de defensa. Es precisamente en este contexto, como recuerda Otero Novas, que se llegó a presionar a España con la amenaza de un golpe de Estado canalizado por medio del terrorismo separatista canario. Así recordaba Otero Novas la formulación inequívoca del chantaje proveniente de Washington: «O entran ustedes en la OTAN o les independizo las Canarias». Al final, tras no pocas mentiras y una bochornosa campaña de presiones mediáticas, España ingresó en la Alianza Atlántica, de cuya protección se quedaron fuera Ceuta y Melilla.

No deja de resultar llamativo que se trate de descartar el particular con la invectiva silenciadora de que constituye un debate nostálgico, añejo y propio de la Guerra Fría. Desde la más estricta racionalidad, alejada de cualquier sabor nostálgico, no se entiende cómo los dos grandes focos de conflicto geopolítico de España estén fuera del presunto club de defensa del que formamos parte. Y digo presunto porque, como sabemos, la OTAN no ha tenido problemas a lo largo de su historia para conculcar el propio artículo 5 del tratado, que prevé actuaciones de corte defensivo y patrocinar múltiples injerencias que de defensivo no tuvieron absolutamente nada. Añejo, por tanto, tampoco parece el debate, pues cada vez que Marruecos presiona a España con una crisis migratoria cimentada sobre el desprecio a la vida de miles de niños y familias, utilizando el chantaje sobre Ceuta y Melilla, se pone aún más de relieve lo delirante que supone que ambas estén fuera de la OTAN. No es casualidad. Es el lógico e inasumible peaje de que Marruecos, socio estratégico de Estados Unidos en la zona, tenga barra libre para tutelar sus intereses en detrimento de los nuestros. No es el debate el que se remonta a la Guerra Fría, sino la propia OTAN, su génesis y su naturaleza. Ahora que el autócrata Vladímir Putin se afana en legitimar su persistencia, convendría ponerle encima de la mesa a Estados Unidos la vergonzosa exclusión de Ceuta y Melilla y replantearnos la acrítica aceptación española de semejante enjuague. En materia de hipocresías, otro tanto podría decirse de la invocación al principio democrático para justificar intervenciones militares cuando las potencias hegemónicas mantienen relaciones preferenciales con socios sátrapas y dictatoriales como el propio Marruecos; y en las alianzas militares sancionadas como imprescindibles para salvaguardar el «mundo libre» se encuentran fundadores (el Portugal del Estado Novo, con António de Oliveira Salazar) y socios actuales (la Turquía de Recep Tayyip Erdoğan, Macedonia del Norte o Montenegro) que de democráticos no tienen absolutamente nada.

En las postrimerías del mandato presidencial de Trump, Marruecos consiguió una gran victoria diplomática basada en otra flagrante vulneración del derecho internacional: Estados Unidos reconoció el Sáhara Occidental como territorio marroquí. Ahora la decisión del Gobierno de España —en el que hasta el final va a estar incrustado Unidas Podemos, indignado ante una decisión de la que son coautores, volviendo a demostrar que su forma de hacer política es cabalgar contradicciones hasta el esperpento y más allá— viene a corroborar la barrabasada de Trump, convalidada fielmente por la Administración Biden.

Las razones, a la vista del desprecio parlamentario e institucional del Gobierno, no las conocemos, aunque las podemos intuir. Abierta la veda de la especulación, hay quien se aventura a imaginar informaciones comprometidas del presidente Sánchez en manos de los servicios secretos marroquíes, quizás obtenidas por el sistema Pegasus, de origen israelí, ahora que Marruecos e Israel normalizan relaciones plenas y estrechan lazos de forma abierta. Lo cierto es que el disparate ha soliviantado con razón a Argelia y ha puesto en tela de juicio los propios intereses económicos de España. Habida cuenta de que nuestra soberanía energética no pasa de ser una quimera, vedada cualquier reflexión sobre la energía nuclear, nuestra dependencia del gas argelino es central.

Aquella esperpéntica carta, de redacción pésima y contenido denigrante, trataba de justificar la servil decisión con la monarquía alauí aludiendo a la presunta conquista de que Marruecos no pusiera en cuestión la españolidad de Ceuta, Melilla o de las aguas territoriales de Canarias. Algo así como certificar que el agua moja. No puede sino producir estupefacción que nuestro vecino, empecinado en exhibir sus inclinaciones anexionistas —el proyecto del gran Marruecos nunca ha dejado de estar presente— y en cuestionar una y otra vez la integridad territorial de España, tenga que perdonarnos la vida transitoriamente y, a cambio de la validación de una ilegalidad, de una flagrante vulneración del derecho internacional y de los derechos más elementales de decenas de miles de saharauis que malviven en campamentos de refugiados, acepte dejar de coaccionarnos un rato. Hasta que le vuelva a apetecer.

Es sabido que España se encuentra en la periferia productiva y económica y también en una situación de subalternidad geopolítica. Pero es insostenible este papel sumiso y servil que solo supone un atentado contra los propios intereses políticos, sociales y económicos de la ciudadanía española. Una vez más, la geopolítica del mundo libre, adornada por la trompetería de los valores de Occidente, demuestra su comportamiento hipócrita con el Sáhara Occidental exhibiendo que los derechos humanos y el derecho internacional importan a la carta, según los crudos intereses de las potencias hegemónicas de turno. Al menos nos podrían ahorrar el bochorno de adornar con piruetas retóricas sobre la democracia las decisiones arbitrarias que adoptan con arreglo a sus propios intereses. Por eso mismo, cualquier agresión de Marruecos siempre y en todo caso encuentra el amparo de Francia (la UE consiente con sus silencios) y de Estados Unidos. Lo más grotesco de todo es que esas dos potencias son presuntos aliados de España. Claro que, cuando toca elegir, no tienen dudas de que nuestro país nunca es su primera elección. La geopolítica hipócrita, como un Guadiana en cuanto a los principios y valores, es además en el caso de España servil y autodestructiva.

En contraste con demasiadas partes de nuestro planeta, asoladas por la miseria, el hambre, la intolerancia y las masacres, Europa sigue suponiendo un resorte de esperanza. Pero las contradicciones son flagrantes, y la del control marroquí de la frontera sur lo es especialmente. Muchas cosas tienen que cambiar para que el derecho internacional pueda abrirse paso entre la *realpolitik* más descarnada y la hipocresía habitual, que enjuicia los desmanes de los Estados, según la tupida red de alianzas e intereses de las potencias hegemónicas. Hoy ante el mundo se exige una respuesta coordinada y racional, justa y equitativa a demasiados retos ineludibles. Entre ellos, descollando en importancia, una decisión trascendental sobre la inmigración. Dirección política de la economía frente a la globalización neoliberal, ciudadanía democrática frente al repliegue tribal-identitario, una política internacional menos hipócrita y mucho menos sujeta a intereses de rapiña imperial. Esos deberían ser los presupuestos que estructuren la respuesta. Sin perder la brújula ni el horizonte de cualquier izquierda reconocible: la emancipación humana.

6

La seducción delirante: la imposible relación entre izquierda y nacionalismo

Tras la pírrica aprobación de la reforma laboral y el triste vodevil en que se convirtió la convalidación parlamentaria, no tardaron en surgir voces cercanas al Gobierno advirtiendo la necesidad de cuidar el bloque de investidura. Una de las primeras manifestaciones en ese sentido fue la de Pablo Iglesias. En una reciente intervención, el exvicepresidente del Gobierno reconocía estar horrorizado por el presunto distanciamiento entre UP y ERC o Bildu. La conclusión resultaba clara: se hace imperativo desechar la geometría variable con fuerzas de la derecha y volver a mirar al bloque confederal, a la mayoría de investidura. Añadía Pablo Iglesias algo que ha repetido hasta la saciedad en los últimos tiempos: si no fuera por Cataluña y por el País Vasco, en España gobernaría la derecha o la extrema derecha.

En paralelo, y aunque parezcan cuestiones dispares veremos su íntima conexión, analistas de toda clase y condición vienen prestando especial atención, en los últimos tiempos, a un fenómeno al parecer en boga: el de los «rojipardos». Bajo semejante denominación, según nos explicaba Joaquín Estefanía en *El País* el 6 de febrero de 2022, se encuadrarían aquellas posiciones políticas que, en materia económica, respetan parámetros clásicos de izquierdas, al tiempo que muestran un alineamiento con la derecha o la extrema derecha en la cuestión nacional o en otras, como la familia, la tradición o las costumbres.

Toda vez que sabemos, por pura observación, que para ser catalogado como rojipardo uno no debe cumplir toda una serie de parámetros definidos de antemano, sino que se trata de un *numerus apertus* de rasgos aleatoriamente escogidos, que van cambiando a conveniencia y gusto de quien elabora los listados, podríamos concluir que se puede ser merecedor de la etiqueta aunque se defienda el derecho al aborto, el matrimonio igualitario y la adopción de parejas del mismo sexo, el laicismo y la exclusión de toda enseñanza religiosa de la escuela pública. Aun no pareciendo en exceso tradicionalista ni culturalmente conservadora una propuesta política que cumpliese dichos parámetros, ¿por qué podría llegar a calificarse como rojiparda o reaccionaria?

Como nos alertaba Estefanía, por una cuestión clave en la política nacional: el alineamiento con la derecha o la extrema derecha en la cuestión nacional. Sin ir más lejos, ese criterio es el que algunos respetables formadores de opinión siguen para endosar a *El Jacobino* en el cajón de sastre mencionado. Antes de entrar en materia, tratemos de entender qué hay detrás del brumoso concepto.

La banalización de las palabras: etiquetas vacías para la estigmatización

Cada vez con mayor frecuencia se repiten advertencias sobre lo peligroso que resulta banalizar conceptos. Así ocurre cuando se habla de fascistas con una ligereza y frivolidad que espanta —otro tanto ocurre cuando los talibanes de la derecha acusan de comunistas a personas que no son siquiera socialdemócratas—. Cuando todo es fascismo, lógicamente nada lo es. Sin embargo, a pesar de que el diagnóstico se ha formulado con precisión, no parece que la banalización remita. A cuenta de los listados que se ensayan sobre rojipardos, llama la atención lo híbrido y dispar de los personajes que conforman listas en las que el único patrón común es la voluntad censora de los que las realizan. Parece como si un macartismo de nuevo cuño hubiera hecho fortuna en la arena política. Como si compartir consensos tangenciales con personas de diferentes ópticas ideológicas te convirtiera necesariamente en siamés intelectual, político y moral de esas mismas personas. El sectarismo, esa otra gran lacra de nuestro presente, invade y enturbia el debate público. Considerar que el fundamentalismo de mercado y el liberalismo económico hegemónico, desde la penetración de las ideas thatcherianas en la derecha política y mediática, y también en la socialdemocracia a través de la tercera vía socioliberal, no son solo fórmulas que determinen la realidad socioeconómica, sino que también pueden influir en la dimensión cultural de la sociedad, no significa convertirse automáticamente en conservador o reaccionario.

Semejante análisis simplista, mediocre y de corto vuelo, aparte de sectario, resulta bastante endeble. Parte de un vicio de origen: exige pensar gregariamente, de manera identitaria, en *packs* compactos en apariencia y, al tiempo, huecos en contenido que impiden someter las propias ideas y prejuicios a la realidad. Cuando el CEO de Glovo plantea que, frente a la obsoleta fijeza de los contratos laborales para toda la vida, con su estabilidad y sus derechos asegurados, hay un modelo de vida mucho más atractivo que consiste en combinar trabajos, ser «autónomo, emprender y ser tu propio jefe, y así tener la libertad de conocer mundo moviéndote de ciudad en ciudad», no atándote a un lugar concreto, disfrutando del dinamismo y escapando de lo monótono y previsible, no solo está vendiendo un modelo de precariedad y explotación sino también una vida líquida, en la que cualquier posibilidad de ordenar tu presente y planear un futuro se convierte en quimera. Se puede criticar ese modo de blanquear la explotación anexándole un relato cultural y eso no significa que automáticamente te ubiques en la nostalgia de un presunto regreso. Es más, ese idealista regreso, de poder materializarse, y damos por buena una hipótesis inviable, posiblemente sería a un pasado con otras oscuridades, de naturaleza distinta pero no por ello menos inquietantes que las que asolan nuestro presente. Criticar los estragos de un sistema socioeconómico que blanquea la inseguridad de un modelo laboral de explotación descarnada y preferir la conservación de los derechos laborales no tiene que implicar aceptar que el horizonte de emancipación sea sacralizar la tradición —como si no hubiera tradiciones espantosas y reñidas con los derechos de ciudadanía y con las leyes políticas de un Estado democrático— o regresar a un pasado donde la mujer estuviera condenada al trabajo doméstico y no pudiera optar a los mismos horizontes profesionales que un hombre, o donde las parejas del mismo sexo vieran tumbados sistemáticamente todos sus derechos civiles. Da vergüenza tener que explicitar semejante perogrullada.

Que las críticas al neoliberalismo las hayan asumido reaccionarios no implica que sea obligatorio sumarse a las voces reaccionarias que impugnan los peores estragos del presente para ofrecernos una vuelta a las oscuridades del pasado; un pasado que algunos idealizan tanto como otros hacen lo propio con un progreso inexorable hacia ninguna parte, exigiendo silencio sobre la dantesca pérdida de derechos que sufrimos. Como la realidad es compleja, no es descartable que en el pasado reciente encontremos mayores derechos laborales que en la actualidad, a pesar de las migajas obtenidas en la última reforma laboral, filtrada, aguada y al final convertida en un maquillaje bastante superficial. ¿Acaso no era mejor un mercado laboral en donde el fraude generalizado de las empresas de trabajo temporal no campara por sus respetos? ¿O un mercado de trabajo en el que aún existieran salarios de tramitación o indemnizaciones por despido improcedente algo más dignas que las actuales? Eso no implica romantizar el «todo» pasado, imaginándolo conforme a nuestros anhelos y prejuicios ideológicos, y por consiguiente deformándolo en una recreación ficcional y falsa. La diferenciación entre derechos civiles y derechos sociales es bastante absurda. Como si los primeros y los segundos fueran incompatibles. Como si una comunidad política de verdaderos ciudadanos no exigiera la concurrencia de ambos tipos de derechos, junto con los de participación política. El rojipardismo, cajón de sastre donde cohabitan el agua y el aceite, apenas constituye una burda intentona estigmatizadora, el intento de silenciar debates y críticas, dejando por el camino una estela de falta de rigor y degradación del debate público alarmante. El populismo identitario, antídoto letal de la deliberación, no es por causalidad un engrudo antirrepublicano. Frente a la deliberación y los argumentos, estigmas y clichés huecos.

La prueba del algodón rojipardo

Cuando Pablo Iglesias analiza la geometría variable y alerta sobre los riesgos de quebrar el bloque confederal, parte de la misma base que aquellos que elaboran listados de izquierdas rojipardas en la cuestión nacional. ¿Cuáles serían esos criterios? Por ejemplo, una propuesta política que defendiese una comunidad política republicana y laica en sentido estricto, de ciudadanos libres e iguales, y que, sin incurrir en esencialismos nacionalistas españoles, criticara de manera frontal el nacionalismo fragmentario, automáticamente sería vetada de la «alianza progresista». En España, la línea roja hace mucho que está delimitada a la perfección: uno puede recibir la vitola de progresista o de izquierdas si defiende que existen numerosas naciones culturales o étnicas incómodamente incrustadas en el Estado español. Es probable que usted escale puestos en la tabla del progresismo si considera que la existencia de derechos históricos o de territorios forales es una virtud inquebrantable dentro del Estado. Da bastante igual las consecuencias que ello comporte, por más que sean eminentemente antiigualitarias. Por eso el bloque de investidura cuenta con cierto prestigio, hasta en esferas intelectuales respetables. Se puede acordar lo que se quiera con quienes se reclamen nacionalistas culturales o de sustrato étnico, aunque esté más que acreditado que las fuentes ideológicas de las que beben —lo que Marx llamaba «ideología alemana», el romanticismo y el idealismo— son el abecé del pensamiento político reaccionario. Se puede y debe instar, desde la izquierda, a acomodar a los territorios más ricos del país, para que no tengan la tentación de marcharse, más allá de la sombría moraleja que se desprende de la receta política de tratar de contentar a los potentados para que no dejen de tener incentivos en la redistribución, para que no sientan la tentación de dejar de compartir territorio político con los demás. Y, por supuesto, es imperativo, para cualquier político que no quiera estar aquejado por el virus rojipardo, alabar la descentralización como algo inseparable de una suerte de metafísica española («España es así»), aunque esta haya sido la vía utilizada por la derecha ayusista para degradar la solidaridad interterritorial, por ejemplo, en materia fiscal.

Semejantes inercias prueban su trazo grueso cuando alguien indaga en qué política territorial han defendido realmente algunos de los que en el mundo han sido verdaderos rojipardos. Aquella ha sido siempre más bien tendente a conformar comunidades políticas alejadas de los marcos de la nación política, proclive a reordenar las citadas fronteras conforme a criterios étnicos, raciales, culturales o lingüísticos. Dicho con total claridad: si algo habría de caracterizar al rojipardismo en materia de organización territorial del Estado es la fragmentación etnoidentitaria de comunidades políticas plurales y complejas en materia identitaria o cultural. No hay nada más diametralmente opuesto al significado real del significante de marras que un planteamiento jacobino, cuando se trata de ordenar territorialmente un Estado. En España, lo vemos con algunos tradicionalistas que anhelan una España foral, basada en blindar los rescoldos del Antiguo Régimen, con sus viejos fueros y derechos históricos. No hay nada menos jacobino que la parcelación identitaria del territorio político invocando para esta criterios forales o similares límites a la propiedad colectiva del territorio político. Si, aun con todo, se empeñan en incrustar el jacobinismo en el cajón de sastre rojipardo, es que el significante ha perdido ya todo su significado y, como apuntábamos antes, solo sirve para señalar, estigmatizar e insultar. Con la intención de revestir las verdaderas intenciones, se buscan pretextos históricos, esencialistas y hasta místicos. Aun siendo ridículos, conviene prestarles atención para desmontar este relato falaz.

El 18 de marzo de 2022, asistí a un debate sobre el futuro del Estado de las autonomías en el Ateneo de Madrid. Compartí mesa con Lilith Verstrynge, secretaria de organización de Podemos, y con Francisco Díaz, senador del PSOE. También estaba prevista la presencia de un diputado de ERC, Ruben Wagensberg, que finalmente no pudo asistir. La verdad, lo lamenté mucho. Hubiera sido interesante tener en frente a un miembro de ese partido político que arrastra la voz izquierda en el nombre, mientras su historia y presente se afanan en desmentirlo. No por conocidos, los argumentos invocados por los representantes de la coalición gubernamental son menos sorprendentes. Merece la pena cartografiar correctamente a quienes nos gobiernan. La secretaria de organización de Podemos valoró el peso de los sentimientos en la comunidad política. Se confesó jacobina en Francia, pero necesariamente confederal en España. Y es que España, ay, es diferente.

Una suerte de brumosa mística, entretejida con una interpretación *sui generis* de la historia, nos impediría, según el citado relato, organizar la comunidad política de otra manera. Aunque al descender a los prosaicos hechos, la lógica apunte por otros derroteros. En esa mesa de debate había un presunto acuerdo sobre los peligros de la competencia fiscal entre regiones. Ayuso como epítome de todos los males. Ahora bien, cuando se trataba de aplicar los mismos patrones de análisis a regiones históricas, las conclusiones que se inferían eran muy distintas. Y es que España es así, se repetía constantemente.

¿A qué espíritu apelan los voceros de esta presunta izquierda, con ademanes tan derechistas, para justificar un maridaje indiscutible con el privilegio? ¿Acaso, de los Pirineos al sur, la desigualdad es una propiedad natural de las cosas ante la que solo cabe prescribir resignación, sometimiento o complicidad? Parece apelarse a una suerte de metafísica española que la condenaría a mantener eternamente una organización territorial centrífuga. Debe ser que, entre tanto idealismo, no les ha dado tiempo a leer los textos que escribió un tal Marx sobre la revolución liberal española y la conformación, desde las Cortes de Cádiz, de una nación política que surge frente a los privilegios de origen propios del Antiguo Régimen. La constante apelación al especial carácter de nuestro país cercena la racionalidad del debate público. Y conduce a absurdos. Quien defiende, por ejemplo, que la provincia es una unidad administrativa más racional que la comunidad autónoma —a la vista está a la hora de realizar la desescalada en la pandemia, con los absurdos generados en cuanto a la limitación de movimientos fuera de las comunidades autónomas— o, simplemente, que hay cuestiones que necesariamente deben legislarse y gestionarse de forma centralizada, se convierte automáticamente en un reaccionario, en un condenado «facha». Da igual que se hable de cuestiones tan esenciales como la compra centralizada de material sanitario, la redistribución de respiradores allá donde hicieran falta conforme a las necesidades sanitarias, la fiscalidad, la política medioambiental o la legislación laboral. Imaginen por un instante que nuestro sistema de trasplantes no estuviera centralizado y atendiese a particularidades identitarias o singularidades históricas. ¿Es que acaso los trasplantes deberían acabarse cincuenta kilómetros al sur al salir del perímetro de una comunidad foral? Puede sonar macabro, pero no lo es. Hoy en España carecemos de una sanidad pública con un historial clínico centralizado o un calendario de vacunación homogéneo y único. Reclamar semejantes planteamientos desde la izquierda te hacen merecedor de la etiqueta que tristemente nos ocupa.

Imaginen, también, que nuestra política laboral priorizase, como pretenden los nacionalistas, el convenio colectivo autonómico al estatal. O que existiese en cada región la posibilidad de establecer una indemnización por despido diferente. Sería, además de demencial, un claro aliciente para la degradación derechos laborales, porque necesariamente incentivaría la competencia y el *dumping* laboral interno dentro del Estado, provocando que las empresas escapasen de las regulaciones que trataran de forma más estricta los derechos de los trabajadores y apostasen por aquellas otras más laxas y beneficiosos para el capital. Imaginen, por último, que otro tanto ocurriera con las políticas de protección del medioambiente y con su eventual descentralización: si las grandes multinacionales ya sortean las normativas estatales, deslocalizándose a conveniencia para eludir aquellos reglamentos más exhaustivos e incómodos para sus intereses, cuánto más no lo harían si esa disparidad legislativa pudiera darse dentro de un mismo Estado, apareciendo la posibilidad de que una comunidad autónoma, empeñada en atraer riqueza y capitales, relajara dichas normas y plantease otras aún más laxas y permisivas para las empresas. No es difícil, en fin, imaginar qué ocurriría si todas estas políticas públicas de primer orden fueran abordadas desde un poder político fragmentario y descentralizado. Cuestionarse hoy la presunta metafísica española que impide una organización territorial racional y en buena medida jacobina te ubica en el rincón rojipardo de la política.

Si alguien trata de pinchar la burbuja de los esencialismos identitarios, se enfrenta a serios riesgos. El de ser ignorado y silenciado, para empezar. No está bien visto en España que nadie discuta el carácter progresista de la plurinacionalidad. No está bien visto que alguien, desde la izquierda, afirme que la plurinacionalidad es un concepto absurdo, cuando no directamente reaccionario. Absurdo al menos porque la nación política —la nación republicana de ciudadanos que nace en la Revolución francesa o en las Cortes de Cádiz— desborda cualquier nación cultural o étnica, sin perjuicio de que un Estado democrático sea naturalmente plural desde un punto de vista cultural, lingüístico o identitario. Y potencialmente reaccionario cuando se convierte, como *de facto* ocurre, en una autopista para estratificar la ciudadanía, entre ciudadanos de primera, de segunda y de tercera. Si alguien osa señalar a los nacionalistas como reaccionarios pata negra, se juega su prestigio y puede acabar engrosando las listas oficiosas de rojipardos. Si alguien tiene la mala costumbre de decir que dentro del bloque confederal y de la mayoría de la investidura hay partidos de derechas y de extrema derecha, las largas miradas acusadoras y despreciativas le alcanzarán. Se convertirá en poco más que un facha. Da igual que sea socialista o que sea comunista, como dio igual que, frente al *procés*, te llamaras Lidia Falcón o Paco Frutos.

Cuando Pablo Iglesias insta a reforzar el bloque de investidura, parte de una idea previa intocable para la mayoría de la izquierda oficial: se pueden y deben trazar alianzas con partidos políticos cuya principal agenda política es la secesión. Con todo lo que ello comporta: ruptura de la unidad de decisión conjunta, quiebra de la unidad de redistribución y privatización del territorio político. Una parte de lo que era de todos deja de serlo por decisión exclusiva de unos pocos. Como si los residentes en La Moraleja decidieran «vivir aparte» porque se sienten diferentes o agraviados. El sentimiento como fundamento de un privilegio político. La secesión de los ricos, en fin. Sobre el particular, el debate arriba citado fue revelador. La secesión de los ricos se critica en Madrid, a través de las políticas de confederalismo fiscal del PP madrileño, pero se defiende cundo se trata del principio de ordinalidad o de un pacto fiscal para Cataluña. ¿Es que acaso el blindaje de la autonomía fiscal de Madrid es esencialmente distinto a aquella recomendación de José Montilla para rebajar el suflé independentista consistente en que el dinero de los catalanes se quedara en Cataluña? ¿Por qué dos políticas miméticas y calcadas son reaccionarias o progresistas según quien las promueva, cuando ambas comparten idénticos fundamentos insolidarios, genuinamente reñidos con cualquier noción reconocible de redistribución? Según el relato imperante en las izquierdas oficiales, el confederalismo fiscal a la madrileña es un ejercicio de insolidaridad, mientras que el principio de ordinalidad o el pacto fiscal son un necesario encaje de Cataluña en el Estado para que aquella no se marche. Como si fuera legítimo invocar una identidad para vivir aparte, troceando y disponiendo de forma privativa de lo que nos pertenece a todos. O amenazar con la ruptura del territorio político común si las normas que rigen nuestra convivencia no nos gustan.

El grado de complicidad con la secesión de los ricos marca en España cuán de izquierdas te dejan ser intelectuales y políticos de la oficialidad «progresista». Da igual que en lo político, social, económico, fiscal y moral seas rojo; si osas denunciar a los etnonacionalismos y su proyecto de xenofobia superlativa, de genuina reacción, puedes terminar cayendo en el ostracismo rojipardo. El concepto reaccionario hace tiempo que padece un agudo estrabismo político: se endosa gratuitamente y se perdona a quien lo merece.

Nacionalismo. Una ideología de extrema derecha que «convirtieron» en progresista

> P: ¿Ser duro contra el nacionalismo vuelve a un partido de derechas?
>
> R: Para la historia de España, sí.
>
> P: ¿La izquierda no podría ser también dura con el nacionalismo?
>
> R: No.
>
> P: ¿Por qué? ¿Qué tiene la izquierda de nacionalista?
>
> R: Tiene un profundo sentido democrático republicano. El sentir republicano es conocer, comprender e intentar integrar las identidades. La democracia es, ante todo, integración, incluso de aquellos que la han ofendido o intentado combatir.

> La mayoría de lo que conocemos como nacionalistas en las distintas comunidades de España no tiene que ver con otros nacionalismos en el mundo. Aquí está claro que hay una parte del nacionalismo que es inequívocamente de izquierdas.
>
> (José Luis Rodríguez Zapatero, entrevista concedida al periódico digital *El Español*, 10 de febrero de 2020.)

Las anteriores palabras representan una radiografía fidedigna de una realidad política en España: la seducción nacionalista de buena parte de nuestra presunta izquierda. Lo retrató con cierta precesión el escritor Antonio Muñoz Molina en su ensayo *Todo lo que era sólido*: «En España, primero se hizo compatible ser de izquierdas y nacionalista. Después, se hizo obligatorio».

Cuáles son las fuentes de esta, admitamos extraña, asimilación resulta un fenómeno difícil de discriminar. El nacionalismo romántico, cultural e idealista tiene una génesis esencialmente decimonónica. Aunque comparta sintaxis con la idea de nación política, poco tiene en común con aquella en tanto que apela a un *volk*, a un espíritu del pueblo, una esencia, en definitiva, que casa mal con el espíritu racionalista y revolucionario de una nación política de ciudadanos formalmente libres y jurídicamente iguales, unidad política de medida de las revoluciones democráticas frente a los vestigios del Antiguo Régimen. El nacionalismo al que el expresidente Rodríguez Zapatero se refiere en términos ya no justificativos sino directamente laudatorios es un nacionalismo genuinamente cultural, etnolingüístico e identitario.

El nacionalismo que apela a una identidad única, monolítica y uniforme que, al compartirse por unos determinados individuos que dieron en nacer en el lugar —sigamos con la ensoñación nacionalista— «elegido», son acreedores de una especial condición política. Con frecuencia, se esgrime la lengua como elemento diferenciador, hábil a la hora de conformar dicha identidad excluyente. Donde anteayer se hablaba de raza, hoy se apela a la lengua: una lengua, un pueblo, una nación.

Este argumento no está exento de costuras y exhibe sus fragilidades a primera vista, al menos si nos tomamos en serio las conquistas democráticas de la nación cívico-republicana. El sintagma «lengua propia» revela que el proyecto de ese nacionalismo de matriz romántica no versa sobre idiomas, sino que el objetivo del filtro lingüístico de la comunidad política es otro: el de excluir a miles de personas. Se persigue la estratificación de los ciudadanos, se tritura el ideal de ciudadanía. Dentro de una comunidad política, según el proyecto nacionalista, hay ciudadanos de primera y de segunda. Un ciudadano español de Cádiz no es que sea menos, es que directamente no es: desde Jordi Pujol y Xabier Arzalluz hasta Joaquim Torra, Gabriel Rufián o el PNV presuntamente moderado, para todos ellos, el gaditano es, por definición, un extranjero. Aquellos que son los de aquí, los que hablan la lengua de aquí, los que están asimilados con la cultura de aquí, y aquellos que no. El intento de ahormar la comunidad política con arreglo a criterios culturales es una versión edulcorada de la añeja pretensión de filtrar racialmente las comunidades políticas. En última instancia, el territorio político, para la cosmovisión nacionalista, no es común ni de todos. Para ellos, resulta imperativo realizar una prospección sobre el titular legítimo, natural, del territorio: como si este perteneciese a los verdaderos nativos de una etnia milenaria, ficticia y brumosa, y no al conjunto de ciudadanos de la comunidad política. Por eso se plantea la necesaria extranjerización de buena parte de los que ya tienen la condición de ciudadanos. Negar que se trata de un proyecto étnico solo conducirá a seguir equivocando el diagnóstico sobre el nacionalismo y, lo que es más grave, las soluciones ante los desafíos que implica, durante otros treinta años.

Para la consecución de tal fin, la conformación de un espacio nacional-identitario propio, los nacionalistas anhelan conformar una suerte de *matrix* identitario alejado de la realidad. Y es que en Barcelona, igual que en Madrid, los apellidos más frecuentes son los García, Pérez y Martínez. La presunta identidad diferenciada, simplemente, no existe. ¿Pero es que acaso la presunta identidad cultural es un argumento político que habilite una secesión en un contexto democrático?

¿Qué ocurriría si los García, Pérez o Martínez no fueran predominantes en Cataluña? ¿Qué ocurriría si los Pujol, Millet o Puigdemont fueran mayoritarios? O, dicho de otro modo, ¿la lengua es causa justificativa de la secesión política? ¿Existen tantas naciones políticas y Estados como lenguas en el mundo? ¿Los hablantes de aranés, por poner un ejemplo, constituirían un *demos* (unidad de soberanía y decisión política) diferenciado dentro de Cataluña que les habilitaría para separarse a su vez de la eventual nación independiente? ¿Y así hasta cuándo? ¿Dónde terminaría la matrioska separatista?

Nada de esto es sostenible desde la óptica igualitaria, desde las más elementales nociones democráticas. Tampoco lo es desde una óptica socialista. Al menos si vamos a los fundamentos teóricos más rudimentarios del nacionalismo a la hora de identificar la justificación política de su derecho a decidir y lo analizamos a la luz de los más elementales criterios democráticos e igualitarios. Es decir, si negamos la legitimidad de pueblos prepolíticos y preexistentes, pueblos que parecen conformar, según la distorsión nacional-identitaria, una suerte de *causa sui*: estaban allí al principio de los tiempos, impertérritos e inalterables al paso del tiempo y su derecho a decidir se justifica por dicha preexistencia que todo lo explica, hasta el punto de erigirse en la razón de todas las cosas. La esquizofrenia nacionalista llega tan lejos, y con ella, los destructivos y sombríos efectos que acarrea.

El derecho a decidir, formulación ya manida, no puede presentarse atendiendo al mínimo rigor exigible como eufemismo cobarde de un pretendido derecho de autodeterminación. Más que nada porque España, con todas sus deficiencias, es desde hace décadas una democracia plena. Claro que el modo de producción capitalista, hoy hegemónico en su vertiente financiera, determina que España se encuentre en una posición subalterna: con un modelo productivo crecientemente desindustrializado, un desempleo estructural crónico y los estragos de la «uberización» del mercado de trabajo muy visibles. Sin embargo, ninguno de los graves problemas sociales y económicos que sufrimos se solucionarían con la secesión, ni la justifican en términos democráticos. Como veremos más adelante, se agravarían de forma letal y sepultarían cualquier esperanza para la clase trabajadora.

Pretender que Cataluña o el País Vasco, autonomías beneficiarias de una profunda descentralización no solo administrativa sino también legislativa —he ahí el confederalismo fiscal del que beben, en el segundo caso junto a Navarra, gracias a privilegios de financiación constitucionalizados y sangrantes, como el concierto económico vasco o el convenio navarro; de ahí también la pretensión de pacto fiscal que buena parte del nacionalismo catalán, en especial el más deliberadamente neoliberal desde los tiempos de Artur Mas, ha esgrimido como bandera de redención nacional frente a un presunto agravio—, pueden simular la condición de pueblos o regiones oprimidos, sometidos a opresión colonial, cae, directamente, del lado de la obscena y burda ciencia ficción nacionalista. Por tanto, lo que se pretende colar de rondón a través de la machacona invocación del derecho a decidir no es cosa que la facultad de efectuar una secesión dentro de un contexto político democrático. Cuando, al intentar fundamentar empíricamente un supuesto maltrato a los derechos del pueblo catalán, se dibujan las célebres —y sombrías— balanzas fiscales se realiza una confesión de parte sobre el verdadero carácter supremacista, insolidario y reaccionario del nacionalismo: las balanzas fiscales determinan un presunto agravio de los catalanes, de los de aquí frente a los de allí. Esto es, nunca se compara la transferencia de fondos entre Barcelona y Gerona porque se entiende que estas serían aceptables, toda vez que se producen entre «los nuestros». En cambio, lo que no es admisible es que la redistribución se produzca más allá de las imaginarias fronteras del «pueblo elegido». Por eso, redistribuir con Extremadura o financiar los comedores de los primos de Jaén, a los que en un patético vídeo apelaba Gabriel Rufián, no estaría dentro del marco admisible del nacionalismo.

Se suele responder de contrario apelando a las fronteras españolas: ¿por qué entonces acaba la redistribución o la decisión política conjunta al final de los confines de la nación política España? Como la perspectiva que aquí defendemos aborrece de cualquier nacionalismo —de cualquier sublimación que los «idiotas felices que nacieron en algún lugar», por decirlo con el gran Georges Brassens, hacen de su lugar de nacimiento—, no sostendremos de ninguna de las maneras que los espacios de ciudadanía de los Estados nación son insuperables. Se podrán superar hacia espacios de ciudadanía más amplios, donde aparecen diferentes vertientes que España debe trabajar: la iberoamericana, por razones históricas obvias y potencialidades transformadoras en el presente, o la europea y mediterránea, aunque en una perspectiva socialista lo más alejada posible de la Unión Europea de las libres circulaciones de capital sin contrapeso fiscal, presupuestario o político. En efecto, las fronteras no son insuperables ni deben defenderse con vocación de eternidad. Ahora bien, si algo resulta indiscutible desde la perspectiva republicana y socialista, como desarrollaremos más adelante, es que no se puede erigir una nueva frontera donde no existe hoy, ni arrogarse la decisión exclusiva sobre lo que ya pertenece al conjunto de una comunidad política democrática.

Los escollos con que se topa la fantasía de la secesión, como vemos oscura, no son pocos. Tradicionalmente, uno de sus fundamentos, desde perspectivas comunitaristas y nacionalistas, es la invocación de la identidad compartida y diferenciada —he ahí la lengua «propia» y el desprecio cerril e incomprensible la potencialidad de un idioma común y compartido—. Es un fundamento peligroso y espurio en democracia. Los zurdos o los rubios, en última instancia, presentan similitudes identitarias y a nadie limpio de mente se le ocurriría reclamar un derecho privado y distinto para ellos. ¿Acaso alguien aceptaría hoy que se desgajase el censo electoral apelando al color de piel, al sexo o a la orientación sexual de las personas? Es cierto que los efluvios de determinadas tesis posmodernas e identitarias, como hemos visto en capítulos anteriores, han arrumbado con la vocación universalista de emancipación y con la propia noción de clase social. Pero ni siquiera la izquierda identitaria de otros lares ha llegado tan lejos como la que, en latitudes muy próximas, valida como aceptable el proyecto nacionalista que apareja a tener determinada identidad el ser acreedor de mejores derechos políticos que el vecino, al que se pretende desproveer de los suyos. ¿Por qué sobre la decisión política se acepta que puedan votar solo una parte de los miembros de ese censo electoral, al no compartir la identidad exigible en el relato nacionalista?

Aparejar a determinadas similitudes identitarias diferentes derechos socava de manera directa e irreversible el consenso de igualdad jurídica en que se asienta la idea misma de ciudadanía. Precisamente porque la mejor herencia ilustrada fue desechar las comunidades tejidas en torno a la sangre, a la etnia o a la pureza identitaria. Como decía George Steiner, «las personas carecemos de raíces, no somos plantas». Ciertamente, todos contamos con un paisaje biográfico, ¿pero es que acaso este viene delimitado por el marco estrecho y reduccionista del fundamentalismo nacional-identitario? No es verosímil pensar que entre el norte de Burgos y el sur de Álava se genera un brecha orográfica o cultural tan insalvable que se vea imposibilitada la convivencia. Como bien señalaba el historiador Tony Judt, no pocos seres humanos pueden ser considerados *edge people*, esto es, resultado de las más variopintas mezclas, personas que están en los márgenes de varias identidades y que, de la forma más enriquecedora posible, conviven con identidades diversas, sin caer en el reduccionismo identitario en que se basa el nacionalismo. Nuestra identidad no es inmutable y puede venir conformada por variables de lo más dispares. Nada de eso, en todo caso, debería ser relevante en el momento de ejercitar nuestros derechos políticos como ciudadanos. Como bien advirtió el escritor franco-libanés Amin Maalouf a cuenta de las «identidades asesinas», el verdadero problema lo plantean los reduccionistas y esencialistas identitarios que no están dispuestos a aceptar el mosaico de identidades que pueden conformar a un ciudadano. Cuando se convierte en algo imperativo elegir una sobre las demás, preponderar una adhesión a otras, es cuando aparecen las tensiones antidemocráticas. El esencialismo identitario plantea la identidad como algo unívoco y atemporal, duradero, eterno y no cambiante. Es el absurdo reaccionario que más ha pavimentado de sangre la historia de la humanidad, y no le han faltado precisamente competidores entre las ideologías y el reguero de atrocidades que, en nombre de unas y otras, se han cometido.

La mejor herencia ilustrada consiste en garantizar la igualdad y la libertad de todos los ciudadanos, los iguales derechos asentados en leyes que son la expresión última de ese compromiso de civilización. Cuando se apela a la pretendida uniformidad identitaria de los catalanes, uno no puede por menos que ruborizarse. Es sobradamente conocido que Cataluña es una demarcación administrativa de España, plural y mestiza como todas, más que nada por la imposibilidad metafísica de que existan comunidades políticas identitarias o culturalmente monolíticas. Tan sombrío escenario solo cabe en el estrecho marco mental de un racista o de un nacionalista. La pluralidad cultural es felizmente ineludible en contextos democráticos.

Ni siquiera la historia, tantas veces invocada como sombría fuente de legitimidades, aporta el menor sustento objetivo para esgrimir la febril idea de una comunidad monolítica y uniforme identitariamente, de tradición secular y rancio abolengo. Como ocurre con otras regiones de España, podemos encontrar en Cataluña tantas identidades como queramos, no una pura e inquebrantable como claman los nacionalistas.

Si queremos atisbar criterios que nos permitan hablar de identidades colectivas, nada mejor que ir a las categorías de clase y condición socioeconómica, y sin la menor dificultad encontraremos elementos de conexión mucho mayores entre Nou Barris, Vallecas y Cerro Amate que entre el propio Nou Barris y Pedralbes. La metafísica de las naciones eternas e inmutables, homogéneas y unívocas es una idea profundamente reaccionaria. Lo extraño es que la tradición socialista y republicana abrace semejante disparate antiguo. Si con razón la majadería de considerar a España como una «unidad de destino» en la acepción joseantoniana nos sigue pareciendo a la izquierda, como entonces nos pareció, una representación infame del no menos aborrecible nacionalismo español, ¿por qué otorgar una pátina progresista a los nacionalismos de corte etnicista de otros perímetros? Según el expresidente José Luis Rodríguez Zapatero, la izquierda y el nacionalismo comparten fundamentos republicanos. Ruboriza el concepto de republicanismo que manejan quienes más se afanaron en introducir el término en el debate público español. Es fácil percatarse de cuán impostado y propagandístico era el afán, mera conveniencia con nula coherencia en relación con los fundamentos normativos de los conceptos. Si hay algo eminentemente antirrepublicano en España es el proyecto de segregación identitaria en España: en cuanto al fondo, en el momento que plantea que el ideal de ciudadanía ha de decaer y que frente a comunidades políticas culturalmente diversas pero política y socialmente igualitarias en tanto que espacios de derecho comunes y compartidos, hay que conformar justo lo contrario: tribus de la identidad nacional, desgajadas una de otras a través de fronteras étnicas levantadas sin contar en el proceso de secesión con los cotitulares del espacio público de decisión conjunta, dentro de cuyas nuevas fronteras no rijan el ideal de ciudadanía, sino una suerte de adhesión espiritual o nativa a la comunidad política. Si en cuanto al fondo del nacionalismo, nada dista más de encajar con las bases republicanas, en cuanto a las formas, otro tanto podría afirmarse. En la concepción republicana, desde aquella formulación de John Adams, es el «gobierno de las leyes y no el de los hombres» el que ha de regir para evitar, precisamente, las arbitrariedades de un gobierno de hombres sin ley. Si algo nos han demostrado los nacionalistas —recordemos a un antifranquista histórico como Joan Coscubiela recriminándoles con coraje cívico el trágala parlamentario de 2017, cuando el intento de golpe de Estado fallido, en que se trató de amordazar a la oposición y de utilizar las instituciones de todos para un proyecto de construcción nacional cimentado en el silenciamiento y extranjerización de la mitad de los ciudadanos españoles de Cataluña— es su profundo desprecio por las leyes comunes, resultado de la deliberación y participación democráticas.

El inexistente derecho a vivir aparte

Volviendo al hilo de la identidad cultural presuntamente compartida, cabe tener claro que no es cierta la asunción nacionalista ni constituye base alguna para conferir derechos políticos a unos ciudadanos en detrimento de todos los demás. Resulta disparatado apelar a la uniformidad identitaria de Cataluña o el País Vasco, y no menos esperpéntico es aludir a los catalanes o vascos como si de un pueblo preconstituido se tratase, depositario de un legado milenario que le permita decidir su futuro como un solo hombre. El romanticismo decimonónico se funde con un idealismo difícilmente digerible. ¿Quiénes son esos catalanes o vascos a los que se apela? ¿Los que nacieron allí, los que tienen la vecindad civil radicada en Cataluña o el País Vasco, pero emigraron de Andalucía, Castilla o Extremadura —lugares que ahora algunos pretenden separar mediante una nueva frontera— o los que hoy, hartos de la asfixia nacionalista, se han marchado a otras partes del país? ¿A la hora de conformar el sesgado censo, tendrán a bien nuestros entusiastas de la frontera incluir dentro de esta los «malos patriotas» que alzaron la voz contra la sangrienta purga nacionalista y conforman lo que se ha dado en llamar el éxodo vasco? ¿Se pretende sugerir que, en pleno siglo XXI, debemos realizar una xenófoba prospección por el linaje y el árbol genealógico de cada persona para escudriñar su posible encaje en esa categoría étnicamente pura que faculta para ostentar mejores derechos? ¿Y los mestizos —en el fondo, y por fortuna, todos—, los que no viven enraizados a un terruño concreto, esto es, el común de los mortales, qué hay de ellos?

Como vemos, sostener la facultad de decidir «vivir aparte» con base en una identidad pura, monolítica y ficticia es inaceptable desde una óptica democrática. Digámoslo con meridiana claridad: esto no va de metafísicas nacionales mejores o peores, ni de porcentajes, ni de los sentimientos de unos contra los de otros. Va de derechos: y no existe el derecho a elegir a los vecinos del territorio político, y menos aún, el derecho a segregarlos, a expulsarlos, a extranjerizarlos. No hay libertad alguna para centrifugar la ciudadanía de millones de personas.

El fundamento del privilegio de secesión no viene, en todas sus versiones, únicamente dado por el racismo identitario que bebe en las fuentes tóxicas del supremacismo, y de la identidad cultural convertida en pretexto justificador de la desigualdad y el privilegio de unos pocos sobre la mayoría. Algunos defensores del fundamentalismo de mercado han apelado a la posibilidad de articular un nacionalismo neoliberal, concebido como la maximización total del particularismo individualista. Más que una posibilidad, en puridad, esta tesis presenta una gran congruencia con sus fines últimos. «Como me disgustan las normas o altos impuestos de la comunidad política a la que pertenezco, decido irme, llevarme mi patrimonio y capital, vivir aparte.» La tesis, con más correlato teórico del que pudiéramos pensar, no es nueva y permanece latente en las tentaciones particularistas de muchos. Así, cabría implantar un cupo fiscal por persona, o extrapolar el derecho a decidir a cada ciudad, barrio, familia o individuo. En última instancia, según esta cosmovisión, los Estados se configurarían como meros clubes privados de libre adhesión y salida, en los que, desde luego, no estaríamos obligados a permanecer si las reglas (los impuestos, por poner un ejemplo paradigmático) que rigen la vida en común no nos placen. El fundamento es claro y hasta congruente, pero desvela una incómoda realidad: el liberalismo, en su vertiente más ortodoxa, se lleva mal con la democracia. He ahí algunos ideólogos neoliberales como Friedrich Hayek o Ludwig von Mises, que no tuvieron reparos en defender esa noción contractualista del Estado según la cual este sería poco más que un club privado: cualquiera puede de forma plebiscitaria optar por romper las fronteras de un Estado, construyendo pequeñas islas independientes, ya fueran antaño regiones o autonomías, ciudades, barrios o familias. Así, el Estado, convertido en un club privado de entrada y salida voluntaria, se configura como un castillo de naipes a expensas de cualquier pulsión individual. No hay idea del bien común ni del territorio político compartido: por tanto, cualquier vindicación de una decisión conjunta, de una redistribución de la renta y la riqueza dentro de ese territorio político, o de la garantía de lazos de solidaridad entre quienes comparten comunidad, es rechazada de raíz. La maximización del egoísmo particularista, en la génesis del neoliberalismo, abraza con perfecta armonía teórica la secesión. Y no solo teórica: ahí vemos al economista y tertuliano Juan Ramón Rallo defendiendo la libre asociación y desasociación: cuando las normas, *verbi gratia* fiscales, exigen solidaridad y la cesión de nuestro interés individual, nos podemos ir, y, lo que es aún peor, podemos dinamitar el espacio común que pertenece a varios millones de personas, operando una privatización en toda regla de un bien esencialmente público: la comunidad política, el territorio político compartido. El territorio común se convierte, a través de un plebiscito privado en que participa una sola parte de los cotitulares, en una propiedad privada de la que se expulsa a una buena parte de la población. Desde entonces, un ciudadano español nacido y afincado en Cáceres no tendrá derecho a ser ciudadano de pleno derecho en la que, hasta tal arbitraria privación, era la casa común, en términos políticos.

Expulsión, por cierto, para la que resulta irrelevante el resultado de ese eventual plebiscito: y es que cuando aceptamos que los puros identitariamente según la primera versión secesionista —los que pasaron con éxito por el filtro del auto de pureza identitaria y son acreedores de esa mejor condición que el resto— o los que «libremente» se niegan a aceptan las deliberaciones colectivas, según la segunda versión, sean en un caso u otro los que conformen el sesgado censo para decidir esa separación, esta ya se habría conseguido de hecho. ¿Quién ha delimitado con anterioridad la capacidad de ese grupo de escogidos, graciosamente, para decidir de forma particular y privada sobre lo que no les pertenece en exclusiva, sino que es de todos los conciudadanos españoles? La tribu autoerigida, más allá de las concreciones numéricas, supone la ruptura de la unidad de decisión conjunta y justicia distributiva, en la que todo pertenece a todos, precisamente porque nada es privativo de nadie.

Las fronteras —todas— nos vienen dadas, aceptémoslo cuanto antes. El orgullo nacional es una posición de partida bastante ilógica. Uno puede comprender que alguien se enorgullezca o avergüence de lo que depende de sus propios actos, pero no de una circunstancia tan fortuita como la pertenencia a una u otra comunidad nacional. Claro que en estos tiempos de hipercapitalismo, es razonable reivindicar, con el socialista francés Jean Jaurès, la importancia de la república como conjunto de garantías de aquellos que no han tenido el azar de contar, en el origen de sus vidas, con los privilegios de una familia adinerada o un linaje afortunado. Desde una perspectiva republicana y socialista, es razonable defender la república como voz de los sin voz. La unidad e indivisibilidad de la república conformaba, como atestigua la tumba del revolucionario francés Marat, el cuarto principio revolucionario, aquel que abrochaba la clásica tríada de la Revolución francesa: libertad, igualdad y fraternidad. ¿Existe una incompatibilidad entre el reconocimiento de la arbitrariedad de todas las fronteras y la defensa de la unidad e indivisibilidad de la república? No, en modo alguno. No existe incompatibilidad puesto que dentro de las fronteras de la nación política el consenso democrático es que nadie es más que nadie, todos los asuntos políticos conciernen al conjunto de los ciudadanos y todos los ciudadanos, sin excepción ni exclusión, deciden sobre el conjunto de esos asuntos políticos. Nada de lo político le es indiferente a nadie. Incluso al más cerril de los antipolíticos le importa la política, ya que las decisiones políticas que se adoptan a diario, tanto las refrendadas en el marco de la comunidad política como aquellas otras que vienen dadas por esferas ajenas al control democrático —la gran trampa del capitalismo—, le afectan directamente en su día a día. Por eso la nación política no puede ser divisible, siempre y cuando en ella se respeten los derechos de todos. Como nos recordaba Félix Ovejero en *Secesionismo y democracia*, solo la teoría de la reparación aceptaría separaciones si con ellas se atajase la vulneración de derechos fundamentales de una parte de la ciudadanía. Por supuesto, la pretensión nacionalista de desgajar partes especialmente ricas, regiones especialmente privilegiadas, de un Estado democrático no tiene nada de reparación; se trata de una secesión de los privilegiados, una verdadera separación de aquellos, que por la vía del identitarismo comunitarista, o por la vía de la voluntad neoliberal, no quieren seguir compartiendo esfera de deliberación conjunta, de decisión conjunta y de redistribución conjunta.

Si las fronteras son arbitrarias, quebrar una comunidad política y levantar una frontera donde ayer no la había sería el ejercicio de arbitrariedad más elevado que uno pueda imaginar. Ningún socialista, ningún comunista, ningún republicano, ningún ciudadano de izquierdas consecuente, en definitiva, puede defender semejante acción. Ruboriza y pasma escuchar a presuntos revolucionarios, como los políticos de la CUP, proponer la secesión para conformar una República catalana que sea solidaria con el resto de los pueblos del Estado. ¿Extranjerizar para luego mancomunarse? ¿Expulsar al que ya es tu igual para luego pretender ser solidario con él? ¿Qué solidaridad es esa que se basa en que el proyecto primigenio, previo a todos los demás, consiste en que un obrero gaditano del metal no pueda acceder a un hospital público en Gerona, cobrar el ingreso mínimo vital en Lérida o ser beneficiario de una pensión pública en Barcelona? Primero, estratificar con fundamentos racistas o plebiscitarios. Luego, apelar a un presunto e inverosímil internacionalismo. Quizás la más descabellada pretensión de estos falsos progresistas, muy reaccionarios en el fondo, es apelar a un internacionalismo nacionalista. En sus versiones presuntamente más matizadas, y no por ellos menos ridículas, se defendía, desde esferas que se suponen socialistas, una nueva internacional: la internacional plurinacional. Un sinsentido colosal: la vindicación de nuevas fronteras de la identidad. Nada menos internacionalista. Nada menos socialista.

Las únicas fronteras aceptables, aunque por su arbitrariedad supongan una limitación al ideal de ciudadanía y al proyecto universalista de emancipación, son aquellas que delimitan un espacio donde todo el mundo es ciudadano de pleno derecho. Donde no se piden, por tanto, certificados de pureza de sangre ni de apego identitario. A nadie se le obliga a exhibir furor patriótico, a besar la bandera, a emocionarse ante los símbolos nacionales. Ni españoles ni de ningún otro perímetro real o ficcional. Despreciar un espacio de ciudadanía real que implica, mal que bien, derechos y redistribución no revela especial inteligencia; menos aún, cuando al tiempo de ejercitar ese desprecio por la nación política, se cultivan cerriles seducciones por la nación inventada y étnicamente pura, la basada en la exclusión de millones. En definitiva, no es más ni mejor ciudadano el que muestra un chauvinismo desagradable. La ciudadanía no admite grados, ni estratificaciones ni modulaciones: no se es poco o muy ciudadano. Se es ciudadano o no se es ciudadano.

Las fronteras son producto de decantaciones históricas variopintas: guerras, tratados, enlaces matrimoniales y sangre, sobre todo mucha sangre. La verdadera conquista democrática consiste en hacer de las comunidades políticas vigentes verdaderas unidades de justicia y distribución, basadas en los valores racionalistas y universales de libertad, igualdad y fraternidad. Todos decidimos en pie de igualdad, sin espacio para privilegios de ninguna clase, porque todo el espacio político nos pertenece a todos, y no es propiedad exclusiva ni privativa de nadie. Ni el egoísmo particularista de no redistribuir con mis conciudadanos más desfavorecidos, ni la ficción supremacista de conceder derechos exclusivos a los presuntos titulares de una identidad, pueden justificar la quiebra del entramado de justicia y distribución en que se basa la comunidad política democrática.

Por supuesto, resulta legítimo ampliar los espacios de ciudadanía, hablar de ciudadanos iguales donde ayer solo había extranjeros. No hay trauma en el emborronamiento de una frontera, en su superación, siempre que desemboque en la creación de territorios políticos funcionales y soberanos, donde la voz política no aparezca acallada por los poderes económicos o financieros. Se trata de cristalizar el ideal de ciudadanía, ampliar los espacios políticos en donde son de aplicación nuestros derechos. Ahora bien, se formule abrupta o tramposamente, no tiene el menor encaje democrático abrir las urnas para levantar una nueva frontera, privando de manera arbitraria a los que ya son ciudadanos de su condición, aumentando exponencialmente el número de extranjeros sin garantías ni derechos. Digámoslo cuanto antes: si nos tomamos en serio la democracia, nadie puede decidir irse de la comunidad política constitucionalmente vigente. Porque al marcharse, al trazar una línea de demarcación que separa a los conciudadanos, degradando la condición de ciudadanos de los que caen al lado malo de esa frontera, la comunidad política democrática desaparece. Y con ella, arrinconada, cualquier perspectiva de transformación social, de superación de las limitaciones de la igualdad jurídico-formal hacia la igualdad material, sustantiva y económica.

Es precisamente la izquierda la primera responsable de la desarticulación de la doble dimensión tóxica del nacionalismo: supremacismo identitario e insolidaridad antirredistributiva. Su responsabilidad clara es erosionar con argumentos los cimientos racistas o insolidarios del nacionalismo, y no plegarse —como ocurre con triste frecuencia— con dúctil sometimiento o cobarde electoralismo a sus políticas de desigualdad y privilegio.

7

Descentralización: el incentivo neoliberal ante el que sucumbió la izquierda

Si la complicidad con el nacionalismo identitario abona uno de los disparates principales de una izquierda entregada a sancionar como compatible con su ideario una metafísica nacional reaccionaria, las implicaciones que tiene esa simbiosis en el desarrollo de las políticas públicas resultan especialmente reveladoras de su propio desnortamiento. La principal manifestación del identitarismo nacionalista ante el que buena parte de las izquierdas españolan han claudicado se refleja en la organización territorial del Estado y en su desarrollo.

Echando brevemente la vista atrás, convendría recordar aquí las palabras de Juan Francisco Martín Seco recogidas en *Una historia insólita. El gobierno Frankenstein*, cuando recordaba el comportamiento de la izquierda y las fuerzas antifranquistas en la Transición:

> Desde la Transición y quizás por antagonismo al régimen franquista (de donde se deduce que nunca se pueden elegir opciones por el único argumento de diferenciarse de otro), nos hemos ido equivocando en el tema territorial, cediendo posiciones con el único objetivo de atraer al nacionalismo.

Hoy es tabú, pero puede que llegue el día en el que se reconocerá el error cometido con el establecimiento del Estado de las Autonomías. Yo, como muchos de mi generación, que nos sentíamos de izquierdas, gritamos aquello de «libertad, amnistía, estatuto de autonomía». Ahora me pregunto cómo pudimos meter en el mismo saco la autonomía política en el ámbito territorial, de conveniencia muy discutible, con la libertad y la amnistía, exigencias imprescindibles para acceder a un Estado democrático. Y, sobre todo, cómo podíamos olvidarnos de la igualdad. Tal vez estábamos demasiado obsesionados con la falta de libertades formales y no caíamos en que sí, estas son necesarias, pero no son suficientes. Deben ser completadas con las libertades reales, todas aquellas que hacen posible la igualdad. No pusimos el debido acento en ella, permitiendo incluso que las veleidades nacionalistas con sus requerimientos prevaleciesen sobre las exigencias de equidad.

La Constitución se confeccionó con la mirada puesta en los nacionalismos, y con el objetivo de integrarlos para que no se quedasen al margen del proceso de la Transición. Se realizaron concesiones importantes tanto en la Carta Magna como en la ley electoral. Buen ejemplo de ello lo constituye el concierto vasco y navarro, régimen fiscal inconcebible en un Estado moderno y que rompe la igualdad en el plano territorial.

Pocas citas reflejan con más claridad y precisión uno de los grandes desatinos de nuestra izquierda, que supone una verdadera traición a sí misma, a su vocación de emancipación, a sus principios ideológicos más genuinos.

El franquismo, dictadura atroz y criminal que asoló España casi cuarenta años, legó dentro de su desgarradora herencia no solo miles de represaliados y asesinados, muchos de los cuales aún permanecen vergonzosamente en las cunetas y fosas comunes de nuestro país, sino también otro elemento muy pernicioso que todavía inunda y distorsiona la política española: la patrimonialización de España por parte de la dictadura. Así, la asimilación nacional con el régimen se plasmó en numerosas operaciones de efectiva propaganda: cualquier cuestionamiento del régimen, principalmente capitaneado por la fuerza hegemónica del antifranquismo, el PCE, se consideraba una clara representación de la anti-España, un ejercicio de deslealtad nacional imperdonable. La apropiación indebida de la idea de España por un régimen surgido de un golpe de Estado ilegal e ilegítimo contra la Segunda República generó una confusión sideral en las izquierdas, las mismas que en aquel breve y convulso período histórico jamás habían ocultado un proyecto eminentemente nacional. Comparar los textos de Manuel Azaña, las declaraciones de Juan Negrín o el patriotismo del PCE con las aseveraciones de sus presuntos sucesores haría palidecer las más recientes, no solo por mediocres, sino también por tristes y acomplejadas asunciones de la herencia franquista. España pasaba a ser un patrimonio privado, y, según el parecer del régimen, históricamente inmutable, eterno, propiedad exclusiva de los reaccionarios, de aquellos mismos que con su golpe de Estado habían exhibido su obscena deslealtad con la España constitucional, provocando una guerra civil cruenta por todos los flancos, una posguerra repleta de miseria y brutalidad y un régimen que, aun evolucionando hacia el desarrollismo, el crecimiento económico y la industrialización, jamás renunció a un disciplinamiento criminal de la clase obrera, un aniquilamiento sistemático de la oposición, una salvaje vulneración de libertades y, en efecto, un aparato de propaganda estatal destinado a descalificar a cualquier español que osaba oponerse al régimen franquista como traidor a la patria.

La patrimonialización franquista de España, además, coincidió con importantes dosis de nacionalismo español en la fundamentación ideológica del régimen. Sin embargo, el franquismo tuvo un cierto carácter camaleónico para evolucionar, al calor de los acontecimientos internacionales, desde el filofascismo inicial hacia un autoritarismo igualmente criminal y represor, combinando el intento de granjearse el apoyo de la comunidad internacional aireando un chusco anticomunismo obsesivo y recurrente, y siempre en torno a rasgos personalistas, militaristas y nacionalcatólicos. Dentro de los últimos, se practicaba una escolástica nacionalista abrumadora, que excluía cualquier elemento progresista, socialista, liberal o democrático de esa estrecha y mentirosa definición nacional. Con frecuencia también se recurría, más como fósil instrumentalizado que como proyecto político real y tangible, a la manida concepción joseantoniana según la cual «España era una unidad de destino». En el fondo, lo que latía en la concepción nacional era un posicionamiento genuinamente reaccionario y esencialista, diametralmente opuesto a cualquier concepción democrática, pluralista o laica.

Sin embargo, la patrimonialización de España por parte de un régimen surgido de un golpe de Estado y una guerra civil no puede en ningún caso justificar la capitulación de las izquierdas ante este planteamiento reaccionario, la aceptación de la trampa franquista. Si así fuera, entonces también las izquierdas portuguesa, chilena o griega tendrían que haber renegado de la Revolución de los Claveles, capitaneada por un ejército nacional harto del desastre de las guerras coloniales y la larga dictadura salazarista del Estado Novo, que continuó Marcelo Caetano hasta 1974; haber repudiado cualquier vindicación del proyecto de Salvador Allende porque era eminentemente popular y comprometido con el pueblo chileno, como si el pinochetismo hubiera de interpretarse como una invalidación pasada y futura de Chile, un punto muerto e irreversible que transformara el país en patrimonio de una dictadura que precisamente se erigió contra el pueblo chileno, que fue teledirigida por la oligarquía y la explícita injerencia de Estados Unidos. De la misma forma, resultaría desde todo punto de vista delirante que la dictadura de los coroneles griegos fuera un argumento válido para deslegitimar cualquier reivindicación sobre la soberanía nacional de Grecia, ejemplo que no es baladí cuando uno recuerda aquella razonable empatía que generó el pueblo griego cuando se llevaron a cabo las terribles políticas de ajuste impuestas por la troika con ocasión de la Gran Recesión.

En definitiva, el franquismo, régimen dictatorial que tuvo un efecto profundamente separador y nocivo en la apropiación de la idea de España, no puede en ningún caso justificar un caos conceptual de las izquierdas con la idea de España, invalidando la posibilidad de disputar España desde las coordenadas democráticas y sociales.

El (neo)carlismo reaccionario

El politólogo anarcocapitalista Miguel Anxo Bastos Boubeta ha formulado en diferentes ocasiones una crítica muy pertinente a la derecha española porque, a su juicio, ha aceptado con demasiada facilidad las reglas del liberalismo decimonónico y la conformación del Estado nación español. En efecto, el liberalismo funda la nación política española en las Cortes de Cádiz, y a través de diferentes hitos revolucionarios desarrolla la idea de soberanía nacional, quebrando la asimilación entre trono y altar en la que se funda el Antiguo Régimen. Desde una perspectiva eminentemente antiestatalista como la del profesor Bastos, el liberalismo político que defiende la aparición del Estado y el ideal de ciudadanía es un enemigo al que combatir. Indudablemente, en ese combate, es la derecha tradicional y reaccionaria la que aparece como una posible aliada para quienes hoy propugnan la «soberanía del individuo» o la necesidad de quebrar las comunidades políticas a través de la secesión. He aquí donde podríamos incorporar el carlismo, una ideología genuinamente reaccionaria que siempre se opuso a la conformación del Estado liberal moderno y a cualquier política de centralización del poder político.

Al contrario de lo que se pretende sugerir hoy en la política española, una simple mirada rigurosa a la historia de España y a la historia de las ideas desmonta el marco de asimilación teórica e ideológica entre centralización del poder político y derecha, por un lado, y descentralización del poder político e izquierda, por otro.

Recordemos que la voz «izquierda» nace en el contexto de la Asamblea Nacional francesa, precisamente para ubicar de manera literal a los diputados que se oponían a los privilegios de trono y altar, a la sociedad estamental del Antiguo Régimen. También en España, ese liberalismo decimonónico de carácter revolucionario y progresista que quiebra los fundamentos del Antiguo Régimen encuentra una respuesta furibunda en la corriente política que nace como vindicación del tradicionalismo estamental: el carlismo.

El carlismo, la derecha más genuina de todas, pues se opone a la conformación del Estado liberal moderno, siempre fue partidaria de la descentralización del poder político. Si reflexionamos sobre ello, llegaremos a la conclusión de que se trataba de una apuesta irrefutablemente coherente: frente a la codificación moderna, a unas leyes comunes para el conjunto del Estado y a la igualación de corte jacobino dentro de una comunidad política donde empezaba a cristalizar la idea de ciudadanía, se defendía la vieja relación feudal que permitía mantener todo un crisol de tradiciones, costumbres, reglas y lenguas de esfera privada. El mundo tradicional, y con él los reaccionarios que se resistían a la imprescindible uniformización legislativa, normativa y política que exigía el Estado nación moderno, lejos de defender la centralización eran partidarios de un modelo de gobierno extremadamente descentralizado.

La escritora Conxa Rodríguez, en un texto publicado en *El Mundo* con fecha de 16 de septiembre de 2017, trazaba con gran claridad las similitudes y conexiones entre el viejo movimiento carlista y el separatismo:

> Al carlista Ramón Cabrera le honraron con el título de marqués del Ter, el nombre del río gerundense, por haber luchado durante un año con ímpetu en una guerra perdida. Amer y el interior gerundense, que en el siglo XIX era mayoritariamente carlista, es donde hoy las banderas independentistas sobrepasan la altura de los campanarios de pueblos como Verges, cuna del cantante Lluís Llach, o Gualta. La

> doctrina independentista —o soberanista como prefieren llamarla ellos— conlleva similitudes con la carlista, el movimiento absolutista y reaccionario del XIX, y viene a ser el nuevo neocarlismo.
>
> [...]
>
> Los carlistas, optando por un determinado candidato de la dinastía borbónica, bajo el lema Dios, Patria, Rey y Fueros, se oponían a la formación del Estado liberal y de Derecho. Eran contrarios a la apertura comercial y los cambios sociales y de pensamiento que implicaba la industrialización y el surgimiento del Estado burgués. Arrancar poder del Estado central en favor de lo local y autóctono permanece como una de las tónicas entre carlistas del XIX e independentistas del XXI, así como la defensa de las instituciones y las leyes forales, signos de identidad, tradición y continuidad.
>
> [...]
>
> Ni para España ni para Cataluña el 2017 es 1833; no obstante, en el discurso independentista o soberanista que han tejido la mayoría de las fuerzas catalanas (ahora están en mayoría en el Parlamento de Cataluña) se vislumbran algunos aspectos anotados en la doctrina carlista de hace dos siglos.

Cuando se trata de blanquear los nacionalismos fragmentarios e incorporarlos a una agenda progresista común, no solo se incurre en una fascinación irracional en cuanto a los objetivos políticos y las consecuencias antiigualitarias que tiene la implosión de la comunidad política, sino que además se tergiversa de forma agresiva la historia de España y se dota de un carácter progresista o de izquierdas a movimientos políticos muy reaccionarios. Con suma precisión y diáfana claridad lo retrata Jorge Polo Blanco en *Románticos y racistas. Orígenes ideológicos de los etnonacionalismos españoles.* En la primera parte del ensayo, el profesor Polo acude a las fuentes y las define con claridad: es del idealismo y el romanticismo de donde beben los nacionalismos periféricos y fragmentarios. No estamos hablando de una continuidad lógica entre fuerzas progresistas. Hablamos de la reproducción de las ideas metafísicas de cultura e identidad, donde ayer se utilizaban conceptos como la raza. Tanto en Cataluña como en el País Vasco y Galicia germinaron ideas que entroncan de manera directa con la tradición romántica e idealista, en su versión germánica, y con frecuencia con ideas genuinamente racistas. Es una tradición antitética a las de las revoluciones liberales y democráticas. La nación aparece aquí en su versión étnica o cultural y en su proyección política real tiene una vocación fragmentaria. Como el propio Polo señala al final de su ensayo, se cuestiona «lo indecidible». Como señalábamos antes, resulta *indecidible* el futuro del territorio político por algunos de sus usuarios circunstanciales, pero no es una cuestión retórica o formal. No es tampoco una negativa que traiga causa en un esencialismo centrípeto de signo contrario. Resulta *indecidible* la decisión de unos pocos sobre lo que nos pertenece a todos, porque el territorio político es el espacio de realización de los principios «raciouniversalistas» de libertad, igualdad y fraternidad, que afectan al conjunto de los ciudadanos. La unidad e indivisibilidad de la república no abrochan la tríada revolucionaria por capricho. Es la condición de posibilidad de la realización de esos principios. Por eso unos pocos no se pueden marchar del territorio político con lo que es de todos. No es Cataluña de los catalanes, sino igualmente de los extremeños. De eso va un Estado democrático, una nación política de ciudadanos: da igual lo puro que uno sea en términos nacional-identitarios, sus apellidos, su fe, sus afectos o sus instintos patrióticos. Es tan ciudadano el que se enardece ante los símbolos nacionales y el indiferente. Por eso sobre el territorio político no se puede decidir la secesión, salvo que se trate de reparar una vulneración sistemática de derechos fundamentales de una parte de ese territorio. No se me ocurre quién pueda sufrirla en la tierra del cupo vasco, a no ser que hablemos de aquellos que sufrieron durante décadas el exilio, expulsados de su propia tierra por las pistolas de los terroristas de ETA, entregados precisamente a un proceso de criba étnica de la ciudadanía. El nacionalista vasco era el modelo de buen vasco; el disidente respecto al nacionalismo se convertía en impuro, en dudoso, en mestizo, en traidor a la patria. Se llegó a utilizar el gentilicio de los compatriotas de una parte especialmente pobre del país, Cáceres, para señalar denigratoriamente a los trabajadores que llegaban al País Vasco a trabajar: «cacereños». Moverse dentro del propio país suponía una sospecha o un motivo de mofa y desprecio: «venían de fuera». ¿Acaso el calificativo de racista no encaja a la perfección con semejantes comportamientos?

La vulneración sistemática de derechos fundamentales no es aquí precisamente la de una comunidad sujeta a los criterios del derecho internacional para la autodeterminación de pueblos sujetos al dominio colonial; parece materia exenta de debate, a no ser que aceptemos entrar en la jaula de grillos. Son más bien los castellanohablantes que no pueden escolarizarse en la lengua común, debido a las políticas de construcción nacional promovidas con base en el clásico patrón del nacionalismo cultural o étnico basado en la lengua como expresión de la verdadera esencia nacional, los que sufren la discriminación sistemática dentro de las comunidades autónomas de hegemonía nacionalista. O los trabajadores del resto del país, que ven cooptado el mercado laboral, constreñido por las políticas identitarias, privatizado por la implementación de una serie de políticas de corte identitario en las que se refleja de forma genuina que el nacionalismo se configura como una ideología contraria a la igualdad.

España no es ni más ni menos que la unidad de justicia y distribución, la unidad de decisión conjunta, el Estado democrático sobre el que deben decidir todos los ciudadanos en pie de igualdad. No es un espacio de ciudadanía insuperable, ni eterno ni esencial, ni está tocado por ninguna varita mágica. Es un país con luces y sombras, cuyo presente político sigue aquejado por problemas estructurales serios: entre otros, el cortejo particularista y la coordinación de fuerzas abiertamente enfrentadas al bien común. Lo que no resulta en modo aceptable es su privatización territorial, como tampoco la social y económica. Ya hemos recordado en varias partes del libro que estas son las dos fuerzas convergentes contra el espacio público, por el flanco territorial y por el socioeconómico.

Como recuerda Jorge Polo en su libro, «¿cómo va a ser de izquierdas triturar y dividir un Estado de cuarenta y siete millones de habitantes, dando lugar a cuatro o cinco mini-Estados levantados sobre bases etnolingüísticas? ¿En qué cabeza cabe semejante majadería?».

La España de la descentralización competitiva: la negación de la izquierda

Una de las asimilaciones tal vez más extendidas en España es aquella que vincula la descentralización del Estado de las autonomías a una opción política progresista ineludible. Solo en los últimos tiempos, y siempre desde esferas alejadas de la ortodoxia de las izquierdas hegemónicas, se ha empezado a discutir esta creencia. Lo que queremos preguntarnos aquí es si en el momento histórico presente la configuración descentralizada de nuestra organización territorial es efectivamente un proyecto de izquierdas, es decir, si en algo ayuda a liberar a los ciudadanos de las ataduras del origen, y del linaje, si la descentralización refuerza la emancipación humana —o incluso si es compatible con ella—, especialmente de aquella clase trabajadora más golpeada por las inclemencias de un sistema económico no exento de explotación y precariedad.

A nuestro juicio, hay que diferenciar, por un lado, los fundamentos teóricos de la descentralización en el actual estadio del capitalismo, financiero, especulativo y posfordista, en el que la economía, por así decirlo, se ha desbocado fuera de los carriles del control político. Esos carriles políticos solían coincidir —con todas las limitaciones que se quiera reconocer— con el *demos* nacional, con los contornos del Estado nación. Como vimos en el capítulo dedicado a la inmigración, el *demos* nacional tiene la limitación obvia de que todas las fronteras vienen dadas por factores arbitrarios como los enlaces matrimoniales, las guerras, las anexiones o, en general, avatares de la historia que nos vienen dados.

Sea como fuere, al calor de las revoluciones democráticas, esos espacios políticos decantados a lo largo de la historia por un curso causal arbitrario, se abren al control público: con la superación del Antiguo Régimen, las comunidades políticas dejan de ser privativas de un rey o de un estamento privilegiado y pasan a pertenecer al conjunto de la nación política, al conjunto de los ciudadanos.

Es en ese contexto de naciones políticas primero y, luego, de Estados democráticos donde se realiza el Estado social y el capitalismo intervenido y regulado que corresponde al período de capitalismo socialdemócrata y keynesiano. Hay quien ha sostenido, en la estela del trilema de Daniel Rodrik, que Estado nación, globalización y democracia son incompatibles. Según la tesis de Rodrik, cabría únicamente optar por dos de las anteriores opciones, ya que es imposible conseguir al mismo tiempo hiperglobalización económica, democracia política y soberanía nacional.

No exenta de coherencia interna, esta teoría nos permite reflexionar sobre el actual estadio del capitalismo: hiperglobalización económica. Las deslocalizaciones productivas y las permanentes opciones de elusión fiscal para las compañías transnacionales son la característica principal de nuestro tiempo.

En este contexto, llama la atención que supuestos sectores progresistas de nuestro país señalan como el núcleo duro de las propuestas transformadoras el blindaje del Estado de las autonomías. Eso como poco. En el mejor de los casos, sería necesario abogar, si les prestamos atención, por acentuar el proceso de descentralización, como si España no fuera ya una de las naciones más descentralizadas del mundo.

A pesar de las evidencias concretas que cuestionan la asimilación generalizada de que la descentralización es un ingrediente necesario, incluso imprescindible, en el proyecto de las izquierdas, no han sido pocos los representantes políticos de nuestra izquierda que han exhibido su fascinación por esta. Bien por desconocimiento o por complicidad irresponsable, con semejante defensa se han aproximado a las tesis más ortodoxas del fundamentalismo de mercado, despreciando el Estado como instrumento de redistribución, justicia o transformación social. Analicemos con detalle la gran impostura de la descentralización falsamente progresista.

El neoliberalismo y su modelo territorial: hacia la disolución del Estado

Entremos, pues, en materia. ¿Es cierto, como señala el anterior presidente de la Comunidad Valenciana, Ximo Puig, o como proclama el antiguo vicepresidente del Gobierno, Pablo Iglesias, que el modelo de las derechas es el centralista y neoliberal? Pues no, de ninguna de las maneras. Más bien es al revés: el modelo idóneo para el neoliberalismo es aquel que garantice la mayor descentralización posible; hasta el punto de que este neoliberalismo, en sus vertientes anarcocapitalistas, directamente propugna la desaparición del Estado, entendiendo como idónea para su estrategia la descentralización más abrupta a todos los niveles. Si algo no casa con el neoliberalismo en modo alguno —coincido con el vicepresidente en que el neoliberalismo es la fuerza motriz de las derechas hegemónicas, no la alerta fascista que anteayer proclamaba de forma desafortunada—, ese algo es el modelo centralista.

Reducidas las manifestaciones de la derecha primaria a vestigios incompatibles con la modernidad, con la propia idea de ciudadanía —vestigios, sin embargo, protagonistas en el presente español, a través de una caterva de grupos foralistas o cantonalistas de toda clase, empeñados en hacer de una supuesta identidad cultural monolítica y uniforme filtro de los derechos políticos—, la derecha hoy hegemónica tiene que ver con la preeminencia del capital financiero. Es esa derecha que, ebria de fin de la historia, bendijo la financiarización de la economía, el globalismo a cualquier precio, la acumulación de capitales y la sacralización de un proyecto de supuestas sociedades abiertas a través de la maximización de la idea de libertad negativa de Isaiah Berlin: ausencia de interferencias entre particulares. Así se prescribió el estrechamiento de las funciones antaño esenciales del Estado: bloqueado el Estado productor, se impugnaba incluso su faceta reguladora y redistributiva. ¿A esos capitales financieros, qué tipo de Estado les resultaba más conveniente? ¿Uno fuerte y soberano, en el que la potencialidad de lo público abriese la puerta a fuertes diques de contención frente a las dinámicas especulativas y a la rentabilidad privada? ¿Uno en el que incluso las clases trabajadoras tuvieran la posibilidad de tomar el poder y plantear la transición hacia el socialismo, hacia una sociedad de iguales, sin clases? Por supuesto que, al neoliberalismo, ideología hegemónica del capitalismo financiero, no le interesa un Estado fuerte, ni un Estado benefactor, tampoco uno productor, ni uno regulador o con plenas capacidades redistributivas.

Los procesos de descentralización se han visto, por tanto, con muy buenos ojos por parte de los mayores teóricos del individualismo extremo, del fundamentalismo de mercado. Indudablemente, esos procesos de descentralización, como a diario se comprueba en nuestro país, han beneficiado la competencia entre partes, que termina desembocando en una debilidad estructural palmaria del Estado para enfrentar retos tan gigantescos como la pandemia.

Las principales escuelas neoliberales de economía, y sus más notables representantes, nunca tuvieron dudas al respecto. Uno de los pensadores más relevantes de la Escuela Austríaca, maestro de Hayek entre otros, Ludwig von Mises, escribió sobre la materia largo y tendido. Siempre favorable al menos a la descentralización del Estado, cuando no directamente al derecho de secesión.

> El derecho de autodeterminación respecto de la cuestión de la pertenencia a un estado significa entonces: siempre que los habitantes de un territorio concreto, ya sea una sola ciudad, todo un distrito o una serie de distritos adyacentes, haga saber, mediante un plebiscito realizado libremente, que ya no desean seguir unidos al estado al que pertenecen en ese momento, sino que por el contrario desean formar un Estado independiente o unirse a otro estado, sus deseos han de ser respetados y cumplidos. Es la única forma viable y eficaz de impedir revoluciones y guerras civiles e internacionales.[1]

1. Ludwig von Mises, *Liberalismo. La tradición clásica*, Madrid, Unión Editorial, 2011, p. 109.

Como ven, ni un átomo de jacobinismo o de centralismo en el pensamiento del economista y teórico austríaco. Todo lo contrario: una firme defensa de las consultas plebiscitarias para admitir la secesión del Estado hasta sus últimas consecuencias, hasta su última expresión. ¿Era este posicionamiento producto de una ofuscación ideológica? En modo alguno. Respondía más bien a un coherente posicionamiento neoliberal estricto, orientado contra la idea misma de soberanía, contra cualquier control público respecto de esa sacrosanta idea de libertad negativa, teorizada en su día por Isaiah Berlin. Continuaba Von Mises defendiendo una idea de comunidad política basada en las ideas (neo)contractualistas del libre pacto entre las partes, lo que en el fondo supone el entendimiento del Estado como una suerte de club privado de libre adhesión y de libre salida.

Resulta extraordinariamente interesante traer a colación el hilo, como digo no exento de congruencia teórica, de un pensador tan importante del liberalismo económico —de fuerte influencia en la política económica hegemónica desde los años ochenta del siglo XX, a través de Thatcher o Reagan— por cuanto contrasta teóricamente con las posiciones de los portavoces de nuestra izquierda oficial, los cuales, sin embargo, vienen a defender al respecto cosas muy similares con idénticos fundamentos. Se apela una y otra vez a España como una cárcel de pueblos, a la libertad de decidir el futuro o, peor aún, a la engolada fórmula de convencer, persuadir o enamorar a quien se quiere ir para que se quede. Olvidando la tradición más democrática de la Revolución francesa: no se eligen las fronteras donde uno nace, porque todas son arbitrarias; de lo que se trata es de respetar ese espacio de decisión conjunta y justicia mientras en él rijan dichas reglas de justicia, igualdad y redistribución. Esa es la idea última de la nación política, cuya pertenencia no viene filtrada por la adhesión sentimental o por los golpes de pecho patrióticos, sino por la condición política de ciudadanía, de propiedad colectiva sobre el territorio, de decisión conjunta sobre el futuro de lo que nos pertenece a todos de igual forma, sobre lo que no es privativo de nadie.

Se entiende bien, por tanto, la idea privatizadora del territorio político que emana de la teoría de la secesión austríaca, no tanto que la misma flote en torno a los posicionamientos políticos del vicepresidente o del propio Íñigo Errejón. Recientemente lo señalaba el líder de Más País: «Tengo una idea constructivista de nación, la voluntad de ser». Nada sustancialmente diferente a la potestad plebiscitaria defendida por los teóricos del neoliberalismo.

Murray Rothbard, otro de los grandes teóricos del anarcocapitalismo —vertiente dura del liberalismo-libertario, que aboga por culminar el estrechamiento funcional del Estado hasta su entera desaparición—, se movió por caminos paralelos a los de Mises, del cual era discípulo. Desde su posición genuinamente neoliberal, decididamente partidaria de la disociación entre Estado y mercado —participando de la falacia naturalista de que el mercado es armónico a imagen y semejanza de la naturaleza y él solo se regula, razón por la cual debe imponerse al Estado, a lo político, y la dimensión de este estrecharse hasta su desaparición—, Rothbard, al igual que Mises, aplaudió los procesos de radical descentralización del poder político, viendo en ellos el camino expedito para el acelerado debilitamiento del poder político. No se trataba ya, como en los liberales clásicos, de trabajar en la senda de la limitación del poder, sino más bien en la disociación arbitraria de dos esferas complementarias —Estado y mercado, contraviniendo la idea marxista de economía política—, abogando por la supremacía del mercado frente al Estado.

En un editorial de 1977, sobre la secesión de Quebec de Canadá, Rothbard escribió:

> Hay dos razones positivas para que el libertario se alegre por el inminente logro de la independencia de Quebec. En primer lugar, la secesión —la ruptura de un Estado desde el interior— es un gran bien en sí mismo para cualquier libertario. Significa que un Estado central gigante se ha dividido en partes constituyentes; significa una mayor competencia entre los gobiernos de diferentes zonas geográficas, lo que permite a los habitantes de un Estado cruzar la frontera a toda prisa y con relativa mayor libertad; y exalta el poderoso principio libertario de la secesión, que esperamos que se extienda desde la región a la ciudad y de la manzana al individuo.

En 1983, Rothbard apoyó la separación de la Chipre griega respecto de la Chipre turca, denunciando el llamado del Estado norteamericano a la unidad. Rothbard preguntó: «¿Por qué la minoría turca en Chipre no debería tener el poder de separarse y establecer su propia república?».

Todo esto está en línea con los pasajes del libro de Rothbard *Poder y mercado*, en cuyo capítulo sobre «Los servicios de defensa en el mercado libre», señaló:

> Si el Canadá y los Estados Unidos pueden ser naciones separadas sin que se les denuncie por estar en un estado de «anarquía» inadmisible, ¿por qué no puede el Sur separarse

> de los Estados Unidos? ¿Estado de Nueva York de la Unión? ¿Nueva York del estado? ¿Por qué no puede Manhattan separarse? ¿Cada vecindario? ¿Cada bloque? ¿Cada casa? ¿Cada persona?

De la misma forma, el pensador alemán Hans Hermann-Hoppe, otro de los teóricos del anarcocapitalismo, ha coincidido con Mises y Rothbard en la enorme funcionalidad de los Estados pequeños para el neoliberalismo. A su parecer, el mejor camino para la expansión de las políticas desregulatorias, de la libre circulación de capitales y de las posibilidades de deslocalización productiva y fiscal, es la fragmentación a la carta, a través de consultas plebiscitarias, de los Estados ya existentes. Y todos ellos coinciden en que, como paso intermedio para esa secesión aplaudida de forma unánime por libertarios y neoliberales de renombre, se encuentra la fuerte descentralización del poder político. Desde luego, lo que no le resulta en modo alguno cómodo a la derecha neoliberal es un poder político fuerte y centralizado, identificado con un Estado que no se limite a la posición abstencionista a la que, en el mejor de los casos, le ha relegado el neoliberalismo, que como vemos en la Escuela Austríaca, en sus vertientes radicales y anarquizantes, directamente plantea su disolución. Ni rastro de la admonición del vicepresidente y del vínculo que traza entre neoliberalismo y centralismo, en este somero repaso a los fundamentos neoliberales de la secesión.

Hans Hermann-Hoppe resumió lo anterior como sigue:

> ¡No! Creo que el Estado es un mal innecesario. En un orden natural, con una variedad de agencias de seguros y de

intermediación, el precio de los servicios de justicia caería y la calidad de estos servicios aumentaría. Mi libro *Democracia, el dios que falló* y mi artículo «La producción privada de servicios de seguridad» explican en detalle cómo las sociedades sin Estado —sociedades autónomas, dirigidas por sí mismas— funcionarían y generarían una prosperidad sin precedentes.

Ahora, sobre los objetivos para la transición a la libertad, la respuesta es la misma para cualquier país, ya sea Turquía o Alemania, Francia o China, Colombia o Brasil. La democracia no es la solución —como tampoco fue la solución para los países del antiguo imperio soviético—. Ni la centralización —como ocurre en la Unión Europea— sería la respuesta.

Al contrario, la mayor esperanza de la libertad se produce justamente en los países pequeños: Mónaco, Andorra, Liechtenstein, e incluso Suiza, Hong Kong, Singapur, Bermuda, etc. Quien valora la libertad debería animar y hacer todo por la aparición de decenas de miles de estas pequeñas entidades independientes. ¿Por qué no una Estambul libre e independiente que mantenga relaciones cordiales con el gobierno central de Turquía, pero que no tenga que pagar impuestos ni recibir transferencias, y que no reconozca las leyes impuestas por el gobierno central, ya que tiene sus propias?

Rallo, Lacalle y las extrañas coincidencias

Volviendo a la tesis sostenida por el antiguo vicepresidente del Gobierno, por el expresidente valenciano y por gran parte de nuestra izquierda oficial, el proyecto de la derecha es neoliberal y centralista, como si esos dos epítetos fueran siquiera compatibles. Pero, como hemos visto, no lo son. No solo en la tradición teórica más solvente de algunas escuelas de economía y filosóficas del liberalismo económico, sino también en los posicionamientos en el presente sostenidos por algunos de los más célebres defensores del neoliberalismo. Así, Daniel Lacalle, en su día economista de cabecera del PP más devoto del «libre mercado», ha defendido en numerosos foros la descentralización fiscal, abogando por que se acentúe.

En coherencia con lo anterior, el Partido Popular de Madrid ha sacado los dientes cuando se ha defendido desde el Gobierno central una armonización fiscal *sui generis*. Y digo *sui generis* porque se nos presenta como armonización lo que no es sino conservación de fuertes asimetrías como las de los derechos históricos, el respeto reverencial a dos regímenes fiscales privilegiados, como son el concierto económico vasco y el convenio navarro. No es casual la reacción de la derecha neoliberal a cualquier cosa que suene a armonización, sino plenamente coherente: parte de la plena convicción de que el modelo autonómico y su fuerte descentralización ha permitido la competencia fiscal entre las regiones hasta límites extremos, lo cual ha facilitado a determinadas autonomías, en especial a las más ricas, la neutralización *de facto* de determinados impuestos progresivos, como patrimonio o sucesiones. En palabras de Félix Ovejero, «cuando todos tienen competencia sobre fiscalidad, nadie la tiene en verdad». He ahí el inmaculado análisis que Thomas Piketty hace de los procesos de descentralización fiscal —incluso mayores en España que en Estados federales propiamente dichos— y su estrecha relación con el secesionismo catalán, al haberse incrementado las cotas de insolidaridad, o, dicho de otro modo, haberse desgastado claramente los mecanismos de redistribución dentro del Estado. Lo analizaremos luego, con más detalle.

Es más, Daniel Lacalle ha defendido una relación bilateral de las regiones con el Estado y competitiva entre sí. Por supuesto, la *realpolitik* le impide sostener a un partido de Gobierno teorías radicales en esencia y seguramente difíciles de comprender por su electorado, pero no así sostener el Estado de las autonomías como el mejor ejemplo de «competencia virtuosa», una suerte de loa descarnada a los regímenes fiscales privilegiados de algunas regiones. «El cupo vasco no es el problema, es la solución a la financiación autonómica» (entrevista en *El Español*).

Un paso más allá ha ido Juan Ramón Rallo, que ha defendido de forma abierta y decidida la secesión, en la estela de los teóricos austríacos. No se trata de hacer asimilaciones caprichosas —puesto que «la verdad es la verdad la diga Agamenón o su porquero», y, de la misma forma, los disparates lo son con independencia de quien los profiera—, pero no deja de ser curioso que Unidas Podemos o Más País participen de una idea contractualista de Estado idéntica a la del neoliberalismo: quien quiera marcharse alterando las fronteras de la comunidad política democrática puede hacerlo. El problema de esta teoría, opuesta diametralmente, como vemos, a cualquier centralismo, es que aleja a los Estados de la idea socialista básica, la de unidades de decisión conjunta y justicia distributiva. Si una parte de los titulares de la soberanía decide aparte de los demás, resulta indiferente el resultado desde el mismo momento en que validemos la mera posibilidad de que esa consulta plebiscitaria se lleve a cabo. Porque el cuerpo escindido que está decidiendo se ha convertido en un *demos* diferenciado, separado, con independencia de cuál sea el resultado de esa deliberación. ¿Cuál es el criterio para decidir? ¿La mera voluntad de las partes, como según sostienen los neoliberales explícitos (y los otros), a través de la fórmula «derecho a decidir»? ¿La identidad cultural, como afirman racistas y reaccionarios de toda condición?

En el fondo, el derecho a decidir de cierta izquierda desnortada no difiere en nada de la facultad de secesión austríaca y neoliberal, «el derecho de libre asociación y desasociación» que sostienen autores como Rallo, o su mentor, Jesús Huerta de Soto. Ese pretendido derecho se traduce, en verdad, en un privilegio de unos pocos para disponer de lo que es de todos. Una secesión a la carta, eminentemente antidemocrática, por cuanto priva a muchos millones de titulares de la soberanía de la decisión presente y futura sobre aquello que les pertenece, sin exclusiones ni privilegios.

Cabría concluir, por tanto, sosteniendo que, desde la mejor y más acabada tradición del neoliberalismo, en escuelas como la Austríaca o la de Las Vegas, se ha defendido una teoría plebiscitaria y contractualista de la secesión respecto al Estado que se encuentra en las antípodas de cualquier modelo centralista y jacobino. Quienes desde posiciones de ferviente defensa del liberalismo económico no han llegado tan lejos, al menos sí han defendido la necesidad de agudizar procesos de descentralización política, que en materias como la sanidad y la educación han abocado al caos competencial del Estado de las autonomías, dejando la puerta abierta a políticas de privatización, externalización y elusión de responsabilidades por parte de los poderes públicos. En casos paradigmáticos, como el de la fiscalidad, esa descentralización ha conducido a nuestro país a un estado de cosas insostenible, donde la insolidaridad y el *dumping* fiscal entre regiones son la moneda de cambio habitual en la política española.

Como señala Félix Ovejero, la integridad del territorio político, en tanto que unidad de justicia, decisión y gobierno, es una de las principales conquistas de la izquierda, frente a la que se erige la teoría liberal de la secesión, por cierto.

> Un territorio político es superlativamente comunista: todo es de todos sin que ninguna de sus partes sea de nadie en particular. Se trata de un proindiviso no de una sociedad por acciones. Uno (o unos cuantos) no se puede(n) ir «con lo que es suyo» porque, cuando se trata del territorio político, no hay un territorio «mío/nuestro» previo a lo que es de todos. En eso se sustenta la idea de ciudadanía. Madrid no es más de los madrileños que mía. Un barcelonés tiene los mismos derechos en Huelva que en Bilbao. Y sus derechos no disminuyen según se aleja de su ciudad. La ciudadanía no admite grados. No se es más o menos ciudadano. La ciudadanía se tiene o no se tiene.

Los servicios públicos y la tiranía del código postal

Si he hablado de tiranía de los orígenes a lo largo del texto, cabría concretarla en otra fórmula característica en España: la tiranía del código postal. Este, en nuestro país, no solo confiere un indicador de clase, que por supuesto también, sino que incorpora otro componente de estratificación social: según donde nazcas, las diferencias en el acceso a los servicios públicos son abismales. No solo la tiranía del origen se concreta en el contexto familiar en donde nacemos, crecemos y nos desarrollamos. No solo el código postal determina diferencias de clase social tan agudas que nos pueden permitir hacer una prospección sobre con quién nos relacionamos, las posibilidades laborales que tenemos, el nivel de formación, los gustos que desarrollamos y las posibilidades reales de llevar a cabo esas preferencias y nuestra esperanza de vida; todos esos factores sociales y económicos varían, por ejemplo, entre barrios y distritos. En España, a la tiranía de clase social del código postal, en el culmen de la arbitrariedad, se añade la segunda tiranía, con implicaciones materiales igualmente desgarradoras: los desequilibrios territoriales generan diferencias arbitrarias e importantes dentro de la comunidad política.

La descentralización sanitaria resulta especialmente llamativa, máxime en un contexto pospandémico. Al estallar la pandemia de la covid-19, asistimos a la constatación empírica de una anomalía: el Estado central apenas conservaba un papel residual en cuanto a las competencias sanitarias, transferidas a las comunidades autónomas. Ese proceso de transferencia autonómica, a pesar de su claridad, es negado por aquellos portavoces mediáticos de la izquierda oficial a los que interesa que la realidad se amolde a sus prejuicios, y no al revés. Una senda peligrosa esta, siempre. Así, Sergio Pascual, exsecretario de organización de Podemos, se permite la licencia de referirse a España como un país «hipercentralista» y Pablo Iglesias no ha escatimado las veces en las que ha utilizado el binomio «centralista y neoliberal» para apelar al modelo de la derecha. Todo pasa por Madrid, es la vieja y tramposa fórmula para confundir el plano geográfico con el político-competencial.

Los planos se confunden a conveniencia para negar la evidencia más incontestable. En efecto, Madrid geográficamente no está ubicada ni en Murcia ni en Santiago de Compostela, agradezcamos la tautología a los especialistas en estas lides. Pero eso no implica que las competencias en sanidad, ni como veremos en otros aspectos esenciales del Estado, pasen por su Administración Central.

El PP completó en el año 2001 el proceso de descentralización sanitaria que venía desarrollándose durante dos décadas. No conviene olvidar ni las fechas ni la autoría de las políticas, porque seguramente nos permitan calibrar alguna de las asimilaciones más consolidadas en la política española, y también más tramposas: la historia de las descentralizaciones también lo es de la derecha política y sobre todo económica de España, o, por ser más preciso, de las políticas de derechas implementadas, llevasen estas la rúbrica de unos u otros.

El estallido de la pandemia de la covid-19 puso contra las cuerdas a todos los gobiernos, sometidos por un lado a la inexistencia de poderes de gobierno globales y a la dialéctica entre Estados con intereses convergentes solo en parte, pero también contrapuestos, por ejemplo, a la hora de negociar o generar sus propias vacunas, o de conseguir material de ayuda sanitaria. A escala nacional, asistimos a algunos hechos consolidados en nuestro panorama político, aunque les sigan resultando insólitos a algunos: los Estados federales, como Alemania, contaban no solo con mejores mecanismos de coordinación y evaluación de las políticas sanitarias, sino que indudablemente se percataron de la necesidad de evitar cualquier gestión diferenciada a la crisis. En España, aunque se trató de ensayar el mando único, un intento de gestión centralizada —sin mencionar la apestada palabra, cargada siempre de un gran poso negativo en España—, pronto se frustró tal intento. Por un lado, atacado por los que consideraban desde la derecha neoliberal y con adornos anarcocapitalistas que el Estado trataba de constreñir las libertades y cercenar nuestros movimientos, y por otro, desde los flancos nacionalistas, más preocupados por practicar la habitual política del hecho diferencial y de la identidad, en vez de abandonar su narcisismo de la diferencia, de una vez por todas y en un momento de máximo cuestionamiento del bien común a través de una indiscutible emergencia global de salud pública. No la abandonaron porque, tal vez, hubiera supuesto tanto como dejar de ser lo que son: nacionalistas. En palabras de Jon Viar, «el nacionalismo no es más que la socialización del narcisismo».

Hoy, en España, el Estado no puede garantizar ni siquiera la existencia de un historial clínico centralizado, ni un mismo catálogo de enfermedades raras, ni unas prestaciones sanitarias homogéneas en todo el Estado. Las listas de espera de una autonomía a otra difieren de forma sustancial. Quienes suelen rebelarse ante esta evidencia no suelen pasar de los epítetos descalificativos: esta crítica necesariamente tiene que venir de las huestes «fachas», de la reacción. Lo que ninguno de los críticos está dispuesto a aceptar es que la crítica se haga desde un posicionamiento inequívocamente de izquierdas, refractario a cualquier privatización del Estado social.

Cuando nos oponemos, con razón, a los recortes del Estado social que se llevan a cabo desde diferentes espectros de la política española, convendría atender hasta qué punto las transferencias autonómicas no han fomentado la externalización de servicios públicos, la competencia fiscal a la baja letal para la sostenibilidad de estos en aquellas regiones más pobres de España y, en general, un estado de cosas tribal, en el que el interés general es socavado por una perspectiva cantonal que lo invade todo. Ha dejado de importar lo óptimo para que prepondere lo propio, la voz de lo común ha decaído en favor del ubicuo «¿qué hay de lo mío?».

¿No tendría sentido desde una perspectiva de izquierdas que siga comprometida con dos de sus máximas informadoras, como son el internacionalismo obrero y el universalismo ilustrado, ocuparse más bien de la sanidad del conjunto de los españoles que de los meros usuarios de una parte del país?

Puedo entender que a quienes creen en la soberanía del bolsillo frente a la fortaleza de los servicios públicos, los que siguen empeñados en subrayar que es en esos bolsillos donde debe estar ese dinero —ya saben, de forma desigualmente repartida hasta convertirnos en campeones europeos de la desigualdad, mientras que no cesan los deterioros de los servicios públicos—, les importe poco la visión de conjunto, la perspectiva de bien común. Cuando el consejero de Sanidad de la Comunidad de Madrid aboga por un sistema sanitario basado en la maximización de la enfermería y de la consulta virtual, mientras que anuncia bajadas de impuestos a grandes fortunas y patrimonios (¡otra vez!), las cartas están claramente encima de la mesa. Visibles. No se trata de utilizar el progreso tecnológico ni reforzar los servicios sanitarios poniendo los avances técnicos al servicio del conjunto de los ciudadanos. Se trata de seguir degradando el Estado social, por fascículos o abruptamente.

Sin embargo, resulta más difícil de entender esa izquierda que asume las barreras tribales internas y solo se focaliza en la privatización social de este y otros servicios públicos. La privatización territorial, aquella a la que desemboca un Estado vaciado de competencias, resulta invisible para buena parte de nuestros ojos presuntamente progresistas, incluso en los casos más obvios. Deslindar ambas privatizaciones, como si no respondieran al mismo tenor político, a la misma cosmovisión minarquista —esa corriente política libertariana que apuesta por reducir el Estado a su mínima expresión, con funciones muy reducidas, exclusivamente de seguridad, defensa y justicia— y, por tanto, despreciativa con el Estado social, sigue constituyendo un misterio. El misticismo irracional de la descentralización aboca a situaciones tan dantescas como que un trabajador español de Soria pueda desplazarse a la provincia de Valencia en vacaciones para disfrutar de unos días de asueto con su familia y, si la desventura le acecha y tiene un problema de salud, en aquel hospital donde sea atendido los profesionales sanitarios encontrarán serias dificultades para acceder a sus antecedentes sanitarios, a su historial clínico completo. ¿Acaso tiene esto algún sentido, acaso beneficia en algo el tribalismo identitario que segrega trabajadores por códigos postales a ese ideal de ciudadanía y a ese horizonte de emancipación de la clase trabajadora que deberían ser el horizonte de cualquier política de izquierdas?

En su artículo de *El País* de 25 de enero de 2023, el doctor en medicina y especialista en psiquiatría Fernando Lamata reconocía la descomposición territorial del Sistema Nacional de Salud:

De acuerdo con la Constitución y la Ley General de Sanidad de 1986 que creó el SNS, la gestión sanitaria se fue traspasando a las comunidades autónomas, completando dicho proceso en el año 2002. De esa forma, el gobierno del sistema quedó dividido entre el Gobierno central y los de las autonomías, con un organismo de coordinación cuyas decisiones no eran vinculantes: es decir, construimos un sistema cuasifederal, pero sin organismos de toma de decisión federales. A partir de entonces, cada comunidad autónoma desarrolló sus sistemas de gestión y de información, sus políticas de personal, sus estrategias de inversiones, etcétera, impulsando un desarrollo en general positivo, pero desigual. Entretanto, el Ministerio de Sanidad iba debilitándose. Hoy es preciso completar la capacidad de gobierno, coordinación y cooperación del SNS (necesidad evidente en la gestión de la pandemia), reforzando el Ministerio de Sanidad y creando estructuras de tipo federal para el conjunto del sistema que permitan la toma de decisiones vinculantes, así como mecanismos de evaluación y control que garanticen una sanidad de calidad para todos en toda España.

Posteriormente, el artículo advierte que «el peso de los intereses privados en la sanidad está desequilibrando cada vez más un SNS que debería poner siempre por delante el interés general».

Resultaría útil trazar la íntima conexión entre ambos fenómenos. Un Estado centrifugado territorialmente, incapaz siquiera de coordinar, evaluar y controlar los servicios sanitarios, es el reflejo de un sistema público debilitado, que queda a merced de los intereses privados para que se complete el desguace de un servicio público. La descentralización se ha convertido en España, mal que les pese a quienes la sacralizan irracionalmente, en una autopista libre para la dejación de funciones públicas y esenciales de un Estado que se pretenda verdaderamente social, y para la preponderancia de los intereses privados. Escenario peligroso para una verdadera democracia.

En *elDiario.es* de 12 de abril de 2023, pudimos leer una de esas noticias que hielan la sangre: la tiranía del código postal en su manifestación más macabra. Diferencias entre comunidades autónomas que separan entre la vida y la muerte. Siete de ellas no incluyen la acidemia metilmalónica —enfermedad congénita, presente desde el nacimiento y hereditaria— dentro del cribado neonatal.

> Desde la Federación Española de Enfermedades Metabólicas Hereditarias (FEEMH) recuerdan que lo que sucede con la acidemia metilmalónica se repite con otras muchas metabolopatías y denuncian que la supervivencia y la calidad de vida de los recién nacidos españoles depende de su lugar de nacimiento. «Tú naces en Aranjuez, en Madrid, y te hacen el cribado, pero naces en Ontígola, en Toledo, y puedes fallecer porque no está ampliado al mismo nivel», asegura su presidente, Aitor Calero. «En teoría, la Constitución recoge ciertos derechos a la salud que no se hacen efectivos simplemente por un hecho geográfico, por el código postal».

Si la sanidad es uno de los ejemplos más precisos del descalabro normativo que ha implicado la descentralización y sus implicaciones abiertamente reaccionarias, otro tanto podría decirse de las políticas que sustentan el conjunto de gasto social, una pieza central del debate público de nuestros días.

La descentralización como política genuinamente de derechas

Recuerden las palabras del ministro José Luis Escrivá pidiendo la centralización de competencias en materia de fiscalidad ante la decisión legislativa del gobierno del PP en Andalucía de bonificar el impuesto de patrimonio. Al ministro no le faltaba razón al criticar el zoco de rebajas fiscales en que se ha convertido España. Ahora bien, si queremos mantener siquiera un átomo de coherencia en la argumentación, convendría recordar que quien sugiere semejante necesidad forma parte de un gobierno conformado por dos partidos, PSOE y Unidas Podemos, que llevan años estigmatizando cualquier propuesta de centralización legislativa. Ya saben, semejante planteamiento estaría reservado a los reaccionarios de la derecha. En su versión actualizada, a Vox, un partido nacionalista español que reivindica una patria esencialista y socialmente vacía —la centralización no es más que un aditivo en el nacionalismo español de inspiración neothatcheriana, puesto que el programa económico de la formación, a pesar de la salida de su presunto sector más liberal y el triunfo del supuesto sector falangista que representaría Jorge Buxadé, sigue abogando claramente por dejar un Estado escuálido, recortado y en los huesos; extraño patriotismo—. Como ejemplo más reciente, el programa económico y fiscal de corte abiertamente neoliberal con el que han concurrido a las últimas elecciones generales. La defensa de la ley común e igual para todos se ha convertido en causa reaccionaria, según cierta oficialidad falsamente progresista. Quizás sea este el principal delirio político en España, y no es fácil por cuanto se trata de una competición concurrida.

El ministro Escrivá debería, en primer lugar, pedir explicaciones al propio PSOE. En una tertulia televisiva en Trece TV, Salvador Illa, preguntado por quien suscribe, volvió a confirmar el compromiso del PSC y del PSOE con el Estado de las autonomías. No hay rectificación alguna sobre el principio de ordinalidad o sobre el federalismo asimétrico. El primero, si recuerdan, fue introducido por el PSOE en el debate territorial para incentivar a las regiones más ricas a mantener su posición preferente a la hora de gastar: una presunta combinación entre los incentivos a la competencia y la solidaridad interterritorial que, lejos de conjugar nada, venía a enterrar definitivamente cualquier atisbo de redistribución. El federalismo asimétrico, sintagma tramposo que escondía una vindicación de corte confederal, era y es, simplemente, la institucionalización de la desigualdad, acompañada de una centrifugación exhaustiva de casi todas las competencias constitucionales reservadas para el Estado central, como la que ha experimentado España bajo los diferentes gobiernos sometidos al vasallaje nacionalista. Entonces, ¿cómo entender la apelación del ministro Escrivá a favor de la centralización fiscal?

Solo puede explicarse desde la asunción de la hipocresía generalizada en la política española. La misma que embarga a Unidas Podemos cuando piden armonizar fiscalmente dentro del régimen común, pero aplauden con furor los regímenes fiscales especiales del concierto económico vasco y el convenio navarro; los mismos que, sin discusión, suponen privilegios fiscales de sendas regiones especialmente ricas de España, como son el País Vasco y Navarra. La justificación de los dos partidos de la izquierda oficial es dar por buena la matraca de los derechos históricos o de la singularidad foral. Apelar a criterios étnicos y prepolíticos que trituran la igualdad entre españoles, quebrando la redistribución dentro de la comunidad política democrática: la historia como fuente de derechos para unos ciudadanos en detrimento y agravio de los demás. La desigualdad por bandera. Una enmienda a la totalidad a uno de los versos más radicalmente democráticos y emancipadores de *La Internacional* (sustituida *de facto* por la plurinacional): «Que la igualdad ley ha de ser». Pues ya no.

En una imposible cuadratura del círculo, el propio Salvador Illa trataba de deslindar el Estado de las autonomías de las lógicas confederales entre regiones que están fracturando desde hace mucho tiempo la redistribución y la propia sostenibilidad de los maltrechos derechos sociales. Apelaba a una suerte de responsabilidad de las comunidades autónomas para escapar de la tentación competitiva, pero sin tocar una descentralización que se defiende ya sin atisbo de racionalidad, como puro dogma de fe. Eludió contestar por qué su partido ha auspiciado durante años políticas tan neoliberales e insolidarias como un pacto fiscal para Cataluña o la conveniencia, Montilla *dixit*, de que «el dinero de los catalanes se quede en Cataluña» si se quiere evitar la secesión. Días después, su compañero Ximo Puig anunciaba unirse a la carrera de las taifas competitivas.

En verdad, el debate sobre descentralización y competencia fiscal es ideológicamente revelador e indicativo de todo lo que falla en España, con un tablero político, social y territorial roto por las desigualdades. No es de extrañar que los fundamentalistas de mercado, aquellos que arremeten cada día contra un sistema fiscal cuya progresividad lleva degradándose sin parar durante décadas, tal y como hemos analizado en el capítulo dedicado a escrutar la capitulación de la izquierda ante la tercera vía socioliberal, vean en cada impuesto un robo por parte del Estado o utilicen el manido y falso argumento de la doble imposición, exhibiendo su dogmatismo o, aún más grave, su clamorosa incapacidad para distinguir hechos imponibles o sujetos pasivos de cualquier tributo. El IRPF es hoy mucho más regresivo que el que se instauró en 1978 bajo un gobierno de la UCD. El impuesto de patrimonio, que fue acorralado por el propio PSOE en los tiempos en los que Rodríguez Zapatero repetía a los cuatro vientos que «bajar impuestos es de izquierdas», y el de sucesiones y donaciones han ido desapareciendo en buena parte del territorio político una vez que fue transferida su capacidad normativa a las comunidades autónomas.

En «Gravar la riqueza», artículo imprescindible publicado en *El Viejo Topo*, Ricardo Rodríguez, técnico de Hacienda, escritor, ensayista y hombre cabal de la mejor izquierda de este país, razonaba con una prosa cristalina y una claridad apabullante:

> La Ley de Financiación actualmente en vigor es la 22/2009, que, respecto del Impuesto sobre Patrimonio, prevé la cesión a las Comunidades de régimen común de facultades normativas acerca del mínimo exento, tipos y deducciones y bonificaciones en cuota, sin más restricción que respetar las que ya vengan previstas en la Ley del Estado.
>
> Tan generosa concesión supone un auténtico disparate económico. Es discutible si ha de existir o no un Impuesto sobre Patrimonio, pero dejar que cada región haga lo que quiera con el que existe solo se le puede ocurrir a un imbécil

o a alguien que haya buscado de forma deliberada la destrucción del tributo. De todos los del sistema tributario, es el impuesto que con más facilidad posibilita la deslocalización de bases y el abuso de esa deslocalización por los grandes patrimonios en perjuicio de la mayoría de la población. Porque son los titulares de grandes patrimonios los que más posibilidades tienen de trasladar su domicilio manteniendo la dirección de sus intereses económicos desde el lugar que fiscalmente les sea más lucrativo, con lo que pueden incluso forzar, y lo han hecho, una vergonzosa subasta fiscal a la baja de las Administraciones Públicas.

Pero es lo que hay en la ley hoy vigente. Y, cuando la Comunidad de Madrid o la de Andalucía bonifican la cuota del Impuesto en un 100 %, están ejerciendo legítimamente una facultad normativa que les otorga una Ley del Estado.

Quizás en este punto podemos observar una de las manifestaciones más delirantes de la traición de una falsa izquierda a sus principios más fundamentales. Una lectura sesgada y dogmática de la historia de España, el tacticismo electoral, la confusión más absoluta de conceptos, le lleva a haber propiciado y seguir defendiendo la descentralización normativa del impuesto de patrimonio y del de sucesiones y donaciones, degradando enormemente la progresividad de dos elementos esenciales de nuestro sistema tributario. Al contrario de lo que pudiera pensarse, el gobierno formado por el PSOE y UP, autoproclamado en múltiples ocasiones como el situado más a la izquierda de la historia de nuestra democracia, no se atreve a plantear la recuperación de la capacidad normativa del Estado sobre los citados tributos. Sigue analizando Ricardo Rodríguez con gran precisión la alternativa por la que ha optado el Gobierno, contra toda coherencia redistributiva, aunque sin entrar a analizar las razones política que han podido motivar tal decisión:

> Lo que puede ser corregido de dos formas sencillas y directas. La primera, modificando la Ley de financiación autonómica y retirando esa facultad normativa a las Comunidades o estableciendo unos mínimos de tributación, según propuso el comité de expertos (aprovechemos la oportunidad para suplicar a nuestros gobernantes que no sigan gastándose el dinero de los contribuyentes en concienzudos y extensos informes de expertos para luego guardarlos en un cajón). La segunda, crear un nuevo Impuesto sobre Patrimonio que recaude el Estado, siempre que se elimine el actualmente en vigor y se compense a las Comunidades con lo recaudado del nuevo tributo por la pérdida de ingresos del tributo que se suprime.
>
> Lo que se ha hecho, empero, es mantener la facultad normativa autonómica al tiempo que se crea un nuevo Impuesto sobre Patrimonio (llámenlo ustedes Impuesto a las Grandes Fortunas o Impuesto Prodigioso Contra los Grandes Capitalistas y por la Justicia Universal si les da la gana, pero si grava el valor neto del patrimonio de las personas físicas es un impuesto sobre patrimonio), sin anular el ya existente y con el fin de que el Estado pueda recaudar lo que las Comunidades que lo han decidido no cobran. Se está incurriendo, ahora sí, en doble imposición de libro, porque el hecho imponible es idéntico. La triquiñuela de fragmentar el hecho imponible por la cuantía —3 millones de euros— no creo que la compre ningún juez. Lo cual no se resuelve con la opción de deducir de uno lo que se tributa por otro, dado que ambos impuestos,

pertenecientes al mismo sistema tributario estatal, existen y se devengan. La bonificación es un hecho posterior al devengo que por cierto no elimina todas las obligaciones tributarias. Así, según ordena la ley estatal y aunque no deban pagar por virtud de la bonificación regional en Madrid y Andalucía, sí que han de declarar los titulares de patrimonios superiores a 2 millones de euros. Con lo que siquiera la función de censo de riqueza y control de fuente de ingresos se conserva. De otra parte, el Estado está desactivando con un impuesto duplicado el efecto económico del ejercicio de una facultad normativa que el propio Estado concede a las Comunidades en una Ley no derogada. Con lo que, de modo muy evidente, se están vulnerando competencias autonómicas.

Crean que me alegraría equivocarme y que lo reconoceré encantado si, llegado el momento, fuera así. Pero mi pronóstico es que este impuesto será anulado por el Tribunal Constitucional o por el Supremo (no soy un experto en esta materia y me caben algunas dudas sobre la competencia de revisión).

Como veíamos en el caso de la sanidad, la fiscalidad es uno de los grandes ejemplos para poner en cuestión la seducción delirante que las fuerzas presuntamente progresistas tienen en España con la descentralización. En la trastienda de esa seducción se ubica, sin duda, la confusión de la centralización competencial destinada a implementar políticas socialistas y de justicia social con una suerte de sometimiento a un presunto nacionalismo español intemporal del que seguir escapando, como quien escapa de manera permanente en una delirante huida hacia ninguna parte. Lo cierto y verdad es que la Comunidad de Madrid, u otras, no acometen las rebajas fiscales que practican solo por ideología, también por el diseño de la distribución competencial que les permite llevar a cabo estas políticas. Se ha preferido inventar un artilugio impositivo endeble y transitorio, seguramente sujeto a corrección jurídica por invadir la distribución competencial, por no aceptar algo obvio: la descentralización fiscal y el vaciamiento del Estado en su capacidad normativa tributaria, por mucho que derive de las cesiones permanentes de unos y otros a los nacionalistas a lo largo de décadas, hace incompatible este estado de cosas con una política verdaderamente redistributiva y transformadora.

En «El síndrome catalán», texto incorporado a la magna obra *Capital e ideología*, Thomas Piketty, con el que se deja ver Yolanda Díaz sin al parecer prestarle demasiada atención en algunas cuestiones esenciales, dejaba claro que la transferencia de una parte del IRPF a las comunidades autónomas abocaba necesariamente a esa competencia a la baja; como vemos que ocurre entre Estados en la UE, ante la inexistencia de unión fiscal y de armonización, por ejemplo, en el impuesto de sociedades. Atiendan a las palabras de Piketty, las mismas que al parecer Yolanda Díaz ha decidido no leer o, al menos, no interiorizar, a pesar de haber reivindicado acertadamente la figura del economista francés:

> Es importante destacar que las normas españolas de descentralización fiscal hacen de España uno de los países más descentralizados del mundo, incluso cuando se compara con Estados federales mucho más grandes. En concreto, desde 2011, la base imposible del impuesto sobre la renta está dividida a partes iguales entre el gobierno central y las regiones. Un sistema de este tipo plantea muchos problemas, en el sen-

tido de que daña la idea misma de solidaridad en el seno del país y termina por enfrentar a las regiones entre ellas, lo que resulta especialmente problemático tratándose de una herramienta como el impuesto sobre la renta, que se supone debe reducir las desigualdades entre los más pobres y los más ricos, al margen de las identidades regionales o profesionales.

En comparación, el impuesto sobre la renta siempre ha sido un impuesto casi exclusivamente federal en Estados Unidos, siete veces más poblado que España y conocido por su apego a la descentralización y a los derechos de los Estados. El impuesto federal sobre la renta es el que garantiza, desde su creación en 1913, la progresividad fiscal y el que aplica los tipos impositivos más altos a los tramos superiores de renta. Tal vez a los contribuyentes acomodados de California les habría gustado conservar para sí y para sus hijos la mitad de los ingresos del impuesto federal sobre las rentas más altas; pero nunca lo han conseguido. En la República Federal de Alemania, ejemplo más cercano a España, el impuesto sobre la renta es exclusivamente federal: los estados alemanes (Lander) no tienen la posibilidad de votar tipos impositivos adicionales ni de conservar para sí la más mínima parte de la recaudación tributaria, independientemente de lo que piensen los contribuyentes bávaros.

Lo ratificaba también Gabriel Zucman, otro economista solvente, en una entrevista en *elDiario.es* de 3 de abril de 2021: «Cuanto más descentralizado esté el sistema fiscal más difícil será tener un sistema impositivo progresivo». La reforma fiscal con la que amaga el Gobierno, tímida y timorata a pesar de contar con elementos acertados, corre el riesgo cierto de estrellarse ante una realidad objetiva: en el confederalismo imperante, la progresividad fiscal encuentra escollos insalvables y el neoliberalismo, apenas ninguno.

Las izquierdas hegemónicas deben replantearse si quieren que sus ejes programáticos sean los de un curso de *coaching* o los de una agenda social transformadora. En caso de optar por la segunda vía, convendría atender a las razones por las que Isabel Díaz Ayuso defiende con uñas y dientes la autonomía fiscal de Madrid o por qué tiene la capacidad de bajar el 0,5 % del IRPF autonómico, en todos los tramos y en plena pandemia: no solo es ideología, es también un diseño territorial que favorece esas políticas. No es casual que economistas como Daniel Lacalle siempre hayan defendido que el cupo vasco —y el sistema de concierto— sea la solución a la financiación autonómica y deba extrapolarse a todas las comunidades autónomas. Tampoco lo es que otros defensores del Estado mínimo, como Juan Ramón Rallo, hayan alabado las bondades del modelo de competencia fiscal entre autonomías, buscando maximizar la descentralización al extremo, conscientes de que, con ello, la redistribución y la capacidad política para enfrentar las crecientes desigualdades se limitan fuertemente. Si algún día quiere escapar de su cárcel de complejos, hipocresías y contradicciones, la izquierda institucional debería empezar por someter a juicio crítico su seducción por un autonomismo diferencial y competitivo que las derechas nacionalistas y neoliberales usan contra la igualdad socioeconómica y territorial entre españoles.

Conclusiones

Y sin embargo... Razones para la reconstrucción de una izquierda racionalista e igualitaria

Este libro es crítico con las izquierdas hegemónicas, pero lejos de abjurar de los principios clásicos de izquierdas, subraya su carácter imprescindible. En junio de 2021, un año después de haber comenzado su andadura como canal de YouTube, se presentó en la Fundación de los Abogados de Atocha de Madrid, sita en la calle Sebastián Herrera y perteneciente a CC. OO., el *think tank El Jacobino*. Un año y medio después, en diciembre de 2022 y en esa misma sede, *El Jacobino* anunciaba su voluntad de afrontar el próximo ciclo electoral poniendo especial énfasis en las venideras elecciones europeas de 2024.

De nada sirve limitarse a la crítica a las izquierdas hegemónicas si uno no tiene una visión propositiva de la política. De ahí el surgimiento de un proyecto político defensor de ideas inequívocamente de izquierdas que se atreve a enfrentar las derivas retratadas en este libro. No nos conformamos con la contemplación, la espera pasiva o la aquiescencia. ¿Por qué habríamos de hacerlo?

El 23 de abril de 2023, en una entrevista en *Vidas cruzadas* —la sección dirigida por David Mejía en *The Objective*—, Elizabeth Duval daba su opinión sobre el lanzamiento de la plataforma Sumar, el proyecto político de la ministra Yolanda Díaz —del cual ha sido portavoz en materia de «feminismos» en las elecciones de julio de 2023—, y valoraba su negativa a reunirse con las gentes de la izquierda jacobina. Cuando se le interrogó sobre la negativa de Sumar de incluir a *El Jacobino* en su proceso de escucha, como sí ha hecho con formaciones políticas de corte regionalista, cantonalista o nacionalista, la respuesta fue sintomática. Por su interés la reproducimos aquí:

> En primer lugar, por cómo está constituida España, es muy difícil que un movimiento de izquierda jacobina tenga realmente una cantidad de votantes suficientes como para ser electoralmente relevante. Y lo digo habiendo estudiado en Francia y teniendo cierta tendencia francófila de espíritu, que hace que también tenga cierta tendencia jacobina. *El Jacobino*, por ahora, tampoco es un partido. Ni siquiera es una organización. Si Yolanda Díaz tuviera que reunirse con cada ONG de España no acabaría nunca. Y *El Jacobino* tampoco tiene la legitimidad política que tienen otros partidos con los que pueda haber comenzado a negociar Yolanda. No tiene el peso para iniciar una negociación de ese tipo. Insisto en que las singularidades territoriales en España hacen difícil un planteamiento como ese. En Francia ha habido un proceso de uniformización del Estado y de uniformización de un relato nacional que pasa por la educación nacional pública a finales del siglo XIX. Es una educación que construye franceses. En cambio, en España no hubo una unificación de la educación que construyera ciudadanos de España. Esto hace que en España cualquier propuesta de recentralización sea prácticamente imposible. Por ejemplo, en el momento actual, si pro-

> pusieras la eliminación del cupo vasco, lo que tendrías sería una fuerza del movimiento independentista vasco como nunca la has tenido antes.[1]

Elizabeth Duval, una persona intelectualmente solvente, incurre aquí en un error similar al de Lilith Verstrynge, retratado en aquel debate que mantuve con ella en el Ateneo de Madrid, y que se cita a lo largo de este libro. El hecho diferencial español vuelve una y otra vez a amordazar el imaginario colectivo del «progresismo» oficial, a modo de condena secular para nuestro país. De alguna forma, y sin pretenderlo, representantes de la izquierda oficial española incurren en el viejo vicio de asimilación franquista, reproduciendo un argumento que era enormemente querido por el régimen: la excepcionalidad española. España está, de alguna manera, siempre según ese sesgado relato, condenada a ser diferente a otros países. Lo ha explicado con mucha claridad el escritor Sergio Molino:

> No tenemos una izquierda jacobina, tenemos una izquierda que por oposición al franquismo se alió con el carlismo, con los elementos más reaccionarios e identitarios de toda España, porque consideraba que como el franquismo era el nacionalismo español todo lo que se opone al nacionalismo español era antifranquista. Ha habido una alianza con todos los nacionalismos y creo es uno de los callejones en los que se ha metido la izquierda porque cómo defiendes un pro-

1. David Mejía, «Elizabeth Duval: "No se puede hacer política desde el rencor"», *The Objective*, 23/4/2023: <https://theobjective.com/cultura/2023-04-23/elizabeth-duval-entrevista-politica-rencor/>.

> yecto de igualdad mientras estás aliándote con alguien que defiende un proyecto de desigualdad absoluta, de castas y de cristiandades viejas, y esto es una de las grandes esquizofrenias que ha tenido una parte de la izquierda.[2]

Si alguien pretende reformar su país frente a los privilegios territoriales que están instalados en nuestro diseño constitucional y en la distribución competencial, se encontrará con el obstáculo de que se encuentra en minoría. No negamos que estén aparentemente en lo cierto quienes subrayan la correlación de fuerzas, pero incurren un error esencial: los principios no se miden al peso. Además, si verdaderamente desaparecieran todas las voces que desde la izquierda denuncian la esquizofrenia política a la que apuntaba Sergio Molino, tal vez estaríamos blindando para siempre la confusión ideológica en que se encuentra atrapada nuestra izquierda e incurriendo en un determinismo paralizador.

Si los principios fueran válidos según el grado de apoyo que recaben, jamás habríamos conquistado la jornada laboral de cuarenta horas, la prohibición del trabajo infantil o las vacaciones remuneradas. ¿Acaso la huelga de La Canadiense no fue un cruento enfrentamiento del movimiento obrero que se saldó con la conquista de derechos laborales frente a los que se ubicaban poderosas y durante tanto tiempo mayoritarias resistencias? Si las ideas fueran necesarias o verdaderas en función del principio mayoritario de sus respaldos, las sufragistas jamás habrían conquistado el derecho

2. Pablo Salazar, «Sergio del Molino: "Un valencianista democrático no puede sostener hoy los planteamientos etnicistas de Joan Fuster en Nosaltres"», *Las Provincias*, 10/2/2020: <https://www.lasprovincias.es/culturas/sergio-molino-valencianista-20200209175826-nt.html>.

al voto de las mujeres. Hasta hace relativamente poco en términos históricos, era mayoritaria la incomodidad frente al matrimonio homosexual o los derechos civiles de minorías secularmente pisoteadas. Durante demasiado tiempo, la abrumadora mayoría de la población vivió en activa connivencia con el racismo o el sexismo, con la discriminación explícita, y así ocurre aún en muchos contextos sociales y políticos.

La causa de la igualdad, habremos de convenir, no siempre ha sido mayoritaria. Y no por ello ha dejado de librarse la batalla a su favor. Por cierto, no está nada claro, tampoco, que desde posiciones de emancipación sea coherente sostener que a los privilegiados no se les puede cuestionar sus privilegios, por si se incomodan o se vuelven más virulentos a la hora de defenderlos. Hagamos lo que hagamos el resto, los poderosos defenderán siempre de forma agresiva su condición y estatus de poder.

Además, los ricos y los potentados pueden percibirse expoliados o maltratados si defendemos una fuerte intervención pública del sistema financiero, la participación estatal en sectores estratégicos o un sistema de fiscalidad fuertemente progresivo, todas ellas ideas que han sido propugnadas en este libro. Ese sentimiento no hace la realidad ni convierte su percepción en cierta. Tienen derecho a sentirse como quieran, pero tampoco por ello vamos a desistir de la titánica tarea de enfrentar los claroscuros poco democráticos del capitalismo financiero, los retos acuciantes medioambientales, un desarrollo tecnológico ingente sin gobernanza democrática de este para someter esos avances a un verdadero criterio de bien común o la lucha contra la ingeniera fiscal de los poderosos que tanto amenaza la libertad real o la democracia. Si tenemos claro todo ello desde las izquierdas, al menos las transformadoras, no se entiende por qué los particularismos identitarios y, especialmente en el caso español, los nacionalismos de corte fragmentario son una excepción. Una excepción ante la que solo cabe resignarse.

Sobre la resignación, contra la de tipo político más bien, quiero que se levanten las últimas palabras de este libro. Son las mismas con las que atendí la amable invitación de los estudiantes de la Asociación de la Prensa de la Universidad Carlos III para escribir en el periódico que han fundado: una brillante iniciativa a la que acompaña una rúbrica de nombre polémico y paradójico, *El Mentiroso*. La paradoja remite, en fin, a un afán de verdad, el que caracteriza a la humilde publicación de estos estudiantes imaginativos, mayor que el habitual en la vida pública española.

Las palabras en cuestión buscaban, en definitiva, responder a la legítima tentación de muchas gentes de izquierdas a caer en el peligroso abstencionismo, y no hablo solo en términos electorales, sino en otros aún más graves, como son la desmovilización general o la indiferencia. Esa indiferencia contra la que previno Gabriel Celaya en un poema que me ha acompañado desde pequeño y al que vuelvo sin cesar, cada vez que las fuerzas amenazan con flaquear, *La poesía es un arma cargada de futuro*:

> Maldigo la poesía concebida como un lujo
> cultural por los neutrales
> que, lavándose las manos, se desentienden y evaden
> maldigo la poesía de quien no toma partido hasta mancharse.

Certificar las inercias de determinadas izquierdas, empecinadas en debatirse entre la dilución socioliberal y la estridencia populista, postradas ante el aluvión identitario, los efluvios irracionalistas o la complicidad nacionalista, no se debe traducir en derechización, abandono de la vocación de emancipación colectiva o resignación. Al revés, certificar la deriva reaccionara de las izquierdas nos ha de propulsar a tomar partido, para deshacer el entuerto, con inspiración quijotesca, pero aferrados al modo materialista de hacer las cosas de Sancho Panza.

El Jacobino. «¿Por qué resignarnos?»

Entiendo a quienes exhiban una mueca de escepticismo cuando se presenta la enésima alternativa de izquierdas en la política española. Los cinéfilos invocarán la icónica imagen de *La vida de Brian*. ¿La enésima fragmentación? ¿Acaso los de *El Jacobino* venimos a formular una suerte de diferencia de «quinto decimal» con el resto de proyectos de la izquierda hegemónica en España? ¿Seremos, en verdad, unos contumaces derechistas, como algunos afirman? ¿Un híbrido extravagante que conjuga ideas progresistas con otras reaccionarias? ¿Unos maniáticos caprichosos a los que nos va la marcha?

Me temo que ninguna de las anteriores preguntas ofrece una respuesta a la razonable incógnita. Sirva la cobardía del ejemplo: hace escasos días en *elDiario.es* aparecía una noticia reveladora que da algunas claves sobre el espacio jacobino: la prueba de cribado neonatal o prueba de talón, una prueba esencial para detectar enfermedades graves en recién nacidos, que supone *de facto* una diferencia esencial entre la vida y la muerte, no forma parte del catálogo sanitario de todas las comunidades autónomas. Según la demarcación administrativa del país donde uno nace, tiene unos derechos esenciales o carece de ellos. La tiranía del código postal en su máxima expresión: esos dígitos en España no solo implican radicales diferencias de clase (esas son innegables: en Madrid, dependiendo del barrio, la diferencia de esperanza de vida alcanza variaciones de diez años), sino que también aportan una manifestación del gran hecho diferencial español: la izquierda oficial está cómoda con la tiranía del origen si viene por el flanco cantonal/territorial. ¿Se ha hecho el privilegio de izquierdas?

En España, si uno considera que el Estado tiene que controlar democráticamente la economía y participar en sectores estratégicos como la energía, el sistema financiero o las telecomunicaciones, si uno aboga por incrementar la tributación de las rentas del capital, o por tomarse en serio la fiscalidad de las herencias o los patrimonios; si uno considera que el Estado tiene que intervenir el mercado de la vivienda apostando por ampliar la oferta y constituir un amplio y ambicioso parque de vivienda pública íntegramente en alquiler, si uno cree imperativo derogar reformas laborales neoliberales y acometer políticas de protección a los trabajadores frente a los estragos de la «uberización»; si uno, en definitiva, es consecuentemente de izquierdas en el eje social y económico, se le presupone la aceptación de políticas cantonalistas en lo territorial e identitarias en cuanto a los fundamentos teóricos e ideológicos.

No nos resignamos ante semejante delirio conceptual. Consideramos posible y deseable que desde la izquierda se articule un ambicioso programa socialista para generar riqueza con criterios de bien común y redistribuirla efectivamente, oponiéndonos al sálvese quien pueda darwinista de los fundamentalistas de mercado. Consideramos posible y deseable apostar por la unión fiscal y presupuestaria en Europa frente a las imposiciones neoliberales de Maastricht y a los paraísos fiscales de una UE disfuncional. Pero ello no puede hacerse desde la confusión identitaria y particularista en la que se encuentra buena parte de nuestra izquierda. Por eso *El Jacobino* no es un capricho, sino una verdadera necesidad política: igualdad frente a privilegios, socialismo democrático y republicanismo cívico frente a terceras vías y populismos varios, laicismo religioso e identitario frente a tradicionalismos varios, ciudadanía universalista frente a nacionalismo identitario, centralismo redistributivo frente a confederalismo hecho-diferencial, la razón en marcha frente a la superstición tribal.

¿Hasta cuándo vamos a resignarnos? Y, sobre todo, ¿por qué?

La pregunta resulta aún pertinente. Y no parece que vaya a dejar de serlo en los años venideros, habida cuenta de las múltiples contradicciones que algunos pretenden seguir cabalgando, al precio que sea. La izquierda jacobina no pretende tener el monopolio de la razón en el debate público, pero sí aspira razonablemente a que se escuchen, sin autoritarias cancelaciones preventivas, sus razones. Las mismas que, por cierto, acompañaron a la izquierda desde su nacimiento: frente a los privilegios y el oscurantismo, a favor de la igualdad y la libertad de todos.

Epílogo

Del pasado hay que hacer añicos

Han cambiado mucho las cosas desde 1978. Guillermo del Valle nos recuerda una de ellas en las primeras páginas de su libro: «Cuando el IRPF, impuesto directo y progresivo por excelencia, se introduce en la legislación española se hace con 28 tramos y un tipo máximo del 65,5 %». Inmediatamente después subraya el contraste entre aquel mundo y el nuestro: «Una configuración como aquella del primer IRPF que instó un gobierno presidido por Adolfo Suárez sería a buen seguro considerada hoy como *socialcomunista*. ¡Nunca hubo un IRPF más socialdemócrata en España que aquel que implantó un gobierno de derechas como el de la UCD!».

Solo en ese dato está contenida una tesis que sostiene buena parte de las páginas del libro que el lector tiene en sus manos: la derrota de una izquierda comprometida con la igualdad, sustituida por la izquierda reaccionaria. Hoy esta anda en otras cosas, y los demás, la derecha, también. La izquierda, a fuerza de defender la tradición, el nacionalismo, las identidades y hasta las religiones, ha renunciado a una idea consecuente de ciudadanía. Y la derecha, escandalizada —sincera o hipócritamente— con los nuevos *topois*, o lugares comunes, de la izquierda, en el fondo, señoreando la plaza: aquel IRPF se despacha como confiscatorio porque la igualdad anda bajo sospecha. Basta con ver cómo circula la descalificación de socialcomunista, aplicada a la más elemental intervención pública. Porque la derrota de la izquierda de siempre ha venido acompañada de la desaparición del ambiente intelectual socialdemócrata que alentó. Y la derecha, sobreactuaciones aparte, sospecho que contenta: «Ahí me las den todas», parece pensar. Si tiene que comprar la mercancía reaccionaria, esa misma que en su día abandonó por insensata, pues la compra. No se sorprendan de ver a los banqueros convertidos en *Social Justice Warriors*, ya saben, esos ideólogos que, salidos de las facultades de Humanidades en su mayoría, apelando a minorías oprimidas que solo tratan cuando buscan empleados, se apuntan a todas las causas menos a las de la igualdad, la universalidad y la razón. No, no faltarán sus dineros para engrasar cursos y becas sobre perspectiva de género, multiculturalidad, diversidad lingüística y asuntos afines.

Veamos con algún detalle las cosas.

Lo primero, la descripción del viejo escenario político. Corrijamos una tesis muy extendida: no es verdad que en los años de la Transición la derecha impusiera sus marcos mentales. Basta un superficial paseo por la Constitución del 78 para comprobar su compatibilidad con un proyecto socialista, incluso su aire de izquierdas, comenzando por la subordinación de la propiedad privada a «su función social», «a la utilidad pública o interés social» (art. 33). Anguita lo repitió hasta la fatiga. Y tenía razón. El ecosistema en el que se desarrollaba nuestro debate público era el de la igualdad, cultivado por la izquierda y asumido por todos. Aquí y en todas partes. Sobre eso caben pocas dudas: la izquierda, socialista y comunista, nutría de ideas y propuestas revistas, libros y periódicos. Y los mensajes no eran tibios. En España, como en Francia o en Italia, circulaban con normalidad sintagmas como «nacionalización de la banca», «transición al socialismo», «autogestión de las empresas» o «planificación democrática». Por su parte, la derecha acusaba recibo de esas ideas sin aspavientos, tratando de mostrar sus debilidades, que, sin duda, existían y merecían réplicas. Sus propuestas, como la citada de la UCD, mostraban un compromiso con las bondades de la redistribución y del sector público. Nadie discutía que el mercado debía ser embridado, porque el mercado se consideraba inseparable de patologías sociales e de ineficiencias.

Aquel mundo poco tiene que ver con el nuestro. Ha desaparecido —o casi— la izquierda de entonces; por ejemplo, el PCI o el PSF, por mencionar dos de los más importantes protagonistas políticos de aquellos años, los dos empeñados en facturar meditadas propuestas, muchas de ellas de notable calidad intelectual. Y con ella, sus ideas. Nuestra izquierda ha sustituido la bandera de la igualdad y la redistribución por una batalla cultural en la que, por caminos tortuosos, ha acabado recalando en las tesis más conservadoras: la desconfianza de la ciencia y el progreso; la defensa de la tradición, que no es otra cosa que la apelación a la identidad; el desprecio a la democracia y a la justicia presente en sus compromisos con los secesionistas; la protección de doctrinarismos religiosos bajo la cobertura del multiculturalismo; han convertido las emociones en conjuros para silenciar las discrepancias; han levantado un artillería palabrera (delitos de odio, provocaciones, ofensa) para acallar la libertad de opinión y hasta la académica. Si se repara, en el trasfondo de todas esas líneas ideológicas se reconoce un mismo pálpito: la tiranía de la biografía, lo que fuimos —lo que se dice que fuimos— convertido en horizonte de posibilidad. La historia y lo primitivo, recreados como destinos y objetivos defendibles.

Ahora mismo, cuando escribo estas líneas, esa izquierda ha encontrado su más reciente causa en la defensa de un programa de televisión, *Sálvame*, que constituye una ofensa, no ya a la inteligencia, sino a la más elemental idea de dignidad humana. Naturalmente, ha apelado a «la cultura popular», mostrando de ese modo que no han entendido nunca nada de en qué consiste el pueblo y, aún menos, la aspiración emancipadora. Por la pendiente, cuesta abajo. Hagan un modesto experimento mental: imaginen la reacción de los españoles si hace cuarenta años, de un día para otro, hubiésemos asistido a un programa de televisión como *Sálvame*. De los españoles y, sobre todo, de la izquierda. El escándalo hubiese sido superlativo. La palabra «alienación» no se les caería de los labios a gentes como Alfonso Guerra, Gerardo Iglesias o Julio Anguita. Nos hubiésemos sentido insultados como sociedad. Y si quieren, amplíen el experimento mental a la previsible reacción en los países del llamado «socialismo real», en donde los libretos de ópera se compraban en los quioscos. Uno no puede por menos que acordarse de los versos de Cernuda:

> Lo que el espíritu del hombre
> Ganó para el espíritu del hombre
> A través de los siglos,
> Es patrimonio nuestro y es herencia
> De los hombres futuros.

Al tolerar que nos lo nieguen
Y secuestren, el hombre entonces baja,
¿Y cuánto?, en esa escala dura
Que desde el animal llega hasta el hombre.

El despropósito de la defensa de *Sálvame* es algo más que una anécdota. Permítanme una digresión cuya intención última se entenderá bien pronto.

Desde cierto punto de vista, nuestras prácticas sociales se pueden dividir entre actividades de consumo y actividades de autorrealización. Las primeras son, en lo esencial, pasivas: no requieren esfuerzo, resultan satisfactorias desde el principio; el disfrute aumenta rápidamente con las sucesivas unidades consumidas, hasta que llega un punto en que la siguiente unidad añade cada vez menos. En el léxico de los economistas: la curva del bienestar, en relación con la cantidad consumida, inicialmente ascendente, llega a un máximo y, a partir de entonces, adquiere pendiente negativa; disminuye el bienestar marginal. Al final, acabamos saturados y, si se quiere, peores, más degradados. Son buenos ejemplos el consumo de dulces o de bebidas alcohólicas y, característicamente, los programas de televisión que se dirigen a nuestras disposiciones más primitivas: culebrones, cotilleos, etc.

Sucede lo contrario con las actividades autorrealizadoras, como el aprendizaje de un instrumento musical o de una disciplina complicada, el cultivo de una práctica deportiva sofisticada, la ejecución de una obra de arte o el desarrollo de una idea. Al principio, resultan fatigosas y poco retributivas: reclaman un esfuerzo que no conoce recompensa inmediata. Con el tiempo, como resultado del propio ejercicio, comenzamos a experimentar bienestar. Quien ha superado con esfuerzo el costoso aprendizaje, si no se rinde, puede acabar por disfrutar de lo que hace y demandar más unidades del bien. Eso sí, la educación del gusto es trabajosa, requiere voluntad: actuar en nombre de lo que se cree que se obtendrá mañana pero que, ahora mismo, apenas se alcanza a entender. Un niño no pide aprender a leer porque cierto día se lo pasará bien con *Guerra y paz*. Solo quien ha estudiado matemáticas tendrá disposición para seguir estudiándolas. Sin ir tan lejos, el mismo proceso se cumple con las conversaciones inteligentes, la lectura de una novela con una trama medianamente compleja o el aprendizaje del ballet. Constituyen retos que nos mejoran.

Ya se ve por dónde voy: con lo que preocupa a nuestra izquierda, con el consumo televisivo, de cierto consumo televisivo. Para disfrutar de un debate de calidad como los de *La Clave*, una obra de teatro como las de *Estudio 1* o de un documental como *Cosmos* había que emplear un tiempo en el desembarco, superar unas tarifas de ingreso: hay que hacerse con una información inicial que no está contenida en la primera frase; con el paisaje, la trama y los personajes; con el conocimiento asumido que se da por supuesto. Frente a eso, el consumo de la televisión basura atrapa desde el primer instante, y uno, sin esfuerzo, se queda «enganchado», pues para seguirlo apenas se requiere la concentración de una almeja que se haya golpeado la cabeza al nacer. Al final del día, en el primer caso, uno sale mejor persona, más humano; en el otro, como la almeja.

En el mercado predominan las actividades de consumo sobre las de autorrealización: las segundas requieren una educación que no se demanda espontáneamente. Nadie nace reclamando álgebra superior. Lo peor es que los productos de consumo no solo predominan, sino que expulsan a los demás. La televisión es un buen ejemplo: si solo hay dos canales medianamente decentes, el espectador no puede «huir» del debate, el documental o la obra de teatro. Si, por el contrario, le basta una ligera presión del pulgar para entregarse a un programa que captura su atención al instante, allí acabará. Y como todos los programadores lo saben, si quieren sobrevivir en el mar de la competencia, buscarán atrapar la atención desde el primer segundo, no sea que, enfrentado al reto, el espectador cambie de canal. Al final, todos entregados a programas asilvestrados, a culebrones y sensacionalismos. Nos lo pide el cuerpo, la naturaleza, como nos pide comer dulce, tan saludable hace cien mil años, en tiempos de escasez, aunque hoy ya no nos convenga. La educación del gusto, el refinamiento, no está en los genes. Viene, si viene, más tarde, con perseverancia y oficio.

Y ahora volvamos a lo que nos ocupaba, a lo que nos enseña sobre nuestra izquierda la defensa de *Sálvame*. En corto: ha desatendido la emancipación y, con esta, la libertad. Me explico.

En el léxico clásico de la izquierda, la emancipación era una manera de designar la autorrealización: el empeño en escapar a las determinaciones de origen, la búsqueda de la libertad. De la libertad para todos, no solo para unos cuantos. En la consagrada formulación del *Manifiesto comunista*: «Una asociación en que el libre desarrollo de cada unò será la condición del libre desarrollo de todos». Los socialistas buscarían una sociedad en donde las personas fueran máximamente dueñas de sus vidas. Ese objetivo, normativo, moral, se acompañaba de una consideración empírica: el capitalismo resultaba incompatible con la emancipación, especialmente, la de los trabajadores y los excluidos. Para la completa realización, entiéndase. Porque sí, en tanto había contribuido al desarrollo de las fuerzas productivas, a la abundancia y al progreso técnico, el capitalismo había sido circunstancialmente liberador: había permitido liberar buena parte de las energías y talentos humanos. Ese reconocimiento asoma en muchas páginas del propio *Manifiesto*. Pero, a la vez, había envilecido a los seres humanos, en especial a los trabajadores, quienes, al vender su fuerza de trabajo, dejaban de ser dueños de sus vidas y de sus obras. Esa es la convicción última que sostiene una de las más clásicas críticas al capitalismo: su carácter alienador. Recuerden el repetido pasaje de *La ideología alemana*, su defensa de la sociedad comunista, aquella «donde cada individuo no tiene acotado un círculo exclusivo de actividades, sino que puede desarrollar sus aptitudes en la rama que mejor le parezca», a diferencia de la capitalista, donde «cada cual se mueve en un determinado círculo exclusivo de actividades, que le es impuesto y del cual no puede salirse».

Que la producción capitalista resulte inexorablemente alienante o que se pueda conseguir una sociedad sin alienación, en la que los seres humanos sean por completo dueños de sus vidas, que escapen a todas sus determinaciones de origen, son otros cantares que no cabe entonar ahora. Lo que resulta indiscutible es que históricamente la tradición socialista está instalada en el compromiso con la autorrealización, con una sociedad donde las personas —por volver a los versos de Cernuda— estén en condiciones de «imponer dirección y sentido a la vida» y no «dejar que la vida les viva». Nada más ajeno a la «cultura popular» que invocar nuestra reaccionaria izquierda. Mucho más cerca de la idea machadiana:

> El pueblo sabe más, y sobre todo, mejor que nosotros. El hombre que sabe hacer algo de un modo perfecto —un zapato, un sombrero, una guitarra, un ladrillo— no es nunca un trabajador inconsciente, que ajusta su labor a viejas fórmulas y recetas, sino un artista que pone toda su alma en cada momento de su trabajo.

Con esa herencia rompe radicalmente la nueva izquierda en su defensa de las formas más degradadas, sórdidas, de la cultura de consumo, aquellas que se dirigen a nuestro cerebro «reptiliano», para decirlo con un sintagma no del todo pulcro científicamente, pero suficiente para entendernos. Pero su defensa de *Sálvame* como reducto progresista también es manifestación de otra patología no menos grave: la agudización de su irrecuperable deriva populista, que es como decir de su apuesta por la peor idea de democracia, la democracia de mercado, del pan y fútbol, alejada del compromiso con la razón y la deliberación, del ideal republicano clásico, según el cual las preferencias son objeto de criba y revisión a la luz de los mejores argumentos. La izquierda reaccionaria toma las preferencias de los votantes como dadas y se entrega a cebarlas. Las emociones y el instinto como santas y buenas. Quizás no sea casual que *Sálvame* encuentre en la comunidad vasca —tan entusiasmada con sus orígenes primitivos, con las mentiras, vamos— una audiencia mucho más numerosa que en el resto de España. La prioridad de las raíces sobre la obra humana. Tan lejos de esa convicción resumida —defendida— por aquel magnífico narrador comunista que fue Alejo Carpentier en las páginas finales de uno de sus más memorables relatos, *El reino de este mundo*: «La grandeza del hombre está precisamente en querer mejorar lo que es. En imponerse Tareas».

Así, desde esa prioridad de la historia y la biografía, desde la determinación del origen y lo primitivo, de lo existente, sin que importe su contenido moral, se entiende su complacencia con el trasfondo xenófobo —encontrarán los detalles de la argumentación en este libro— de nuestros nacionalismos: son muchos quienes los apoyan y, por tanto, no queda otra que acatar sus demandas, una regla que hubiera conducido a aceptar como buena la política del racista George Wallace, gobernador de Alabama, que contaba con el apoyo del 96 % de los votantes. Por cierto, son muchos, entre otras razones, porque los partidos de la izquierda con mando en plaza se ponen de su lado. Como si no pudiéramos combatir conductas o ideas y modificarlas, como lo hicimos con racistas, machistas o fumadores.

Sin duda, nuestras democracias, sostenidas en la miopía y la perpetua adolescencia de los votantes, obligan a cierto grado de populismo, que las incapacita para reconocer los problemas —y las soluciones— de nuestras sociedades. Por eso, algunos se resignan a alejar la verdad del voto. Lo resumió para siempre del expresidente de la Comisión Europea, Jean-Claude Juncker, en una cínica apreciación: «Cuando las cosas se ponen feas, hace falta mentir [...]. Sabemos lo que hay que hacer, pero no sabemos cómo ser reelegidos después de hacerlo». A su manera, Juncker reconocía un problema no menor si pensamos que las instituciones políticas encuentran su justificación última en su capacidad para abordar —respetando ciertos principios, fundamentalmente, los derechos y las libertades— los problemas colectivos. Pero una cosa es reconocer los vicios y otra entregarnos complacidos a ellos. En la vida, no pocas veces resulta inevitable incurrir en alguna mentira (para aliviar un sufrimiento, proteger una vida o salvar un rato en el ascensor con un vecino mediante un «buenos días»), pero otra cosa es hacer de la necesidad virtud, entregarse a la mentira como principio regulador. Lo venía a decir con su eficacia habitual Mario Benedetti:

> Uno no siempre hace lo que quiere
> pero tiene el derecho de no hacer
> lo que no quiere.

Simplemente, hagamos lo debido. Sencillo: no plegarse al mundo, aunque no se pueda modificar; no desdibujar los objetivos ni esconder la realidad, no decorarla. Reconocer el estado del mundo no quiere decir resignarse ni ajustar nuestros principios a realidades ingratas para recrearlas. Recuerden: «Ni engañarse ni engañaros». Guillermo del Valle tiene claros los principios y la sociedad en la que estamos. En esto último se nota su experiencia en la abogacía. Sobre los principios nos recuerda lo que importa, es decir, que, por su naturaleza no empírica, no caducan: racionalidad, universalidad, igualdad. Principios que habrá que aplicar como se pueda, según sean la realidad a la que nos enfrentamos y nuestros medios. Pero son los de siempre, los que, por ejemplo, defendía Eric Hobsbawm cuando tempranamente alertaba de las derivas irracionalistas de la izquierda, su abandono de la igualdad en nombre de la identidad, su fascinación por los nacionalismos y su desprecio a la universalidad. Las páginas que Guillermo nos recuerda —de un importante texto escrito en 1996— resultan tristemente proféticas:

> Sin duda, los grupos de identidad no eran fundamentales para la izquierda. Los movimientos sociales y políticos de masas de la izquierda, es decir, los inspirados en las revoluciones americana y francesa y por el socialismo, eran a decir verdad coaliciones o alianzas de grupos, pero lo que les mantenía unidos no eran los objetivos específicos de cada grupo, sino grandes causas universales a través de las cuales cada grupo creía que podría llegar a ver realizados sus objetivos particulares: la democracia, la república, el socialismo, el comunismo o lo que sea.

Del Valle glosa atinadamente el pasaje: «Hobsbawm no se oponía al reconocimiento de derechos a ningún grupo, sino a la quiebra del horizonte universalista que algunas causas identitarias comportaban». Y recuerda las enseñanzas, citando de nuevo al clásico de los historiadores: «La política de la identidad no se dirige a todo el mundo, sino solo a los miembros de un grupo específico». Y reconoce cómo están las cosas: «Veintiséis años después de aquella conferencia, la tesis no puede tener más vigencia. Las políticas de la identidad avanzan de forma inexorable». Del Valle se toma en serio los principios. Y sus implicaciones. Por eso, no se entrega —al revés, lo desmonta con poderosos argumentos— al lodo palabrero en el que retozan nuestros políticos: la diversidad, la identidad, la bondad de tener muchas lenguas —que, en realidad no son tantas—, de las autonomías o del «libre mercado». Incluso expresa sus dudas acerca de los beneficios de la presente Unión Europea. Seguro que el lector se encuentra incómodo —a mí me ha sucedido— con alguna de sus opiniones, pero, cuando así lo sienta, si quiere seguir manteniendo sus puntos de vista, se verá emplazado a argumentar, porque Guillermo sostiene sus puntos de vista con buenas razones, esto es, apurando las implicaciones políticas de su compromiso con los ideales de la izquierda. Porque Guillermo tiene lo más importante: afán de verdad. Sin esta verdad, es imposible la conversación, la discrepancia inteligente. Esa honestidad intelectual la encontrará el lector en las páginas de *La izquierda traicionada*.

Por supuesto, este libro no es un recetario para todos nuestros problemas. No es esa la aspiración —o así lo entiendo yo— de su autor. Ese es un empeño inevitablemente colectivo, algo que está más allá de las capacidades y talentos de una sola persona. En todo caso, lo que es seguro es que, para llegar a precisar programas y proyectos, es obligado transitar por los territorios que frecuenta el autor: rescatar los ideales, reconstruirlos y apurar sus implicaciones. Luego, con las inevitables resignaciones, habrá que modular las propuestas, sin ignorar el mundo en el que estamos, porque para no engañarse hay que empezar por no confundir lo deseos con la realidad; porque, para navegar la política, como en la vida, tenemos que disponer de los mejores mapas, conocer cómo son realmente las cosas, la realidad que se busca cambiar. Y, claro, saber adónde queremos ir. Eso es lo primero: los valores. Eso que la izquierda en circulación parece haber olvidado.

Quedamos emplazados para el debate.

Félix Ovejero

Bibliografía

Libros

Alonso Zarza, M., *No tenemos sueños baratos. Una historia cultural de la crisis*, Barcelona, Anthropos, 2015.

Erice, F., *En defensa de la Razón*, Madrid, Siglo XXI, 2020.

Errasti, J., y M. Pérez Álvarez, *Nadie nace en un cuerpo equivocado* (7.ª ed.), Barcelona, Deusto, 2022.

Fernández Liria, C., O. García Fernández y E. Galindo Fernández, *Escuela o barbarie. Entre el neoliberalismo salvaje y el delirio de la izquierda.* (3.ª ed.), Madrid, Akal, 2017.

Fourest, C., *Generación ofendida. De la policía cultural a la policía del pensamiento*, Barcelona, Península, 2021.

Hamido, M., *No nos taparán*, Madrid, Akal, 2021.

Hobsbawm, E., *Los ecos de La Marsellesa*, Barcelona, Crítica, 2018.

—, *Entrevista sobre el siglo XXI*, Barcelona, Crítica, 2016 (primera edición: 2000).

Lilla, M., *El regreso liberal*, Barcelona, Debate, 2018.

Martín Seco, J. F., *Contra el euro*, Barcelona, Península, 2013.

—, *Una historia insólita. El gobierno Frankenstein*, Vilassar de Dalt, El Viejo Topo, 2020.

—, *Economía. Mentiras y trampas*, Barcelona, Península, 2012.

Mazzucato, M., *El Estado emprendedor* (2.ª ed.), Barcelona, RBA, 2016.

Muñoz Molina, A., *Todo lo que era sólido* (5.ª ed.), Barcelona, Seix Barral, 2013.

Ovejero, F., *La deriva reaccionaria de la izquierda*, Barcelona, Página Indómita, 2018.

—, *Contra Cromagnon*, Vilassar de Dalt, Montesinos, 2006.

—, *Secesionismo y democracia*, Barcelona, Página Indómita, 2021.

Piketty, T., *Capital e ideología*, Barcelona, Deusto, 2019.

—, *Una breve historia de la igualdad*, Barcelona, Deusto, 2021.

Polo, J., *Románticos y racistas*, El Viejo Topo, Vilassar de Dalt, 2021.

Rodríguez, R., y J. M. Seco, *¿Por qué soy de izquierdas?*, Córdoba, Almuzara, 2010.

Valdeón, J., *La Razón en marcha. Conversaciones con Félix Ovejero*, Madrid, Alianza, 2023.

Von Mises, L., *Liberalismo. La tradición clásica*, Madrid, Unión Editorial, 2011.

Artículos de prensa

Aguirregómezcorta, M., «Savater defiende que todo alumno debe ser educado como gobernante», *El País*, 19/11/2003.

Banco Central Europeo, «Carta confidencial al Presidente del Gobierno de España», BCE, agosto de 2011 (reclasificado para publicación el 19/12/2014).

Basteiro, D., «Zapatero: "Soy partidario de cambiar el Código Penal para ayudar a reconducir el conflicto en Cataluña"», *El Español*, 10/2/2020.

Cobby, R., R. Fernández, y G. García, «El retorno de la política industrial» [Informe], Future Policy Lab, 2023.

Comunidad de Madrid, «Díaz Ayuso ha anunciado la mayor rebaja del IRPF y la supresión de todos los impuestos propios», *Noticias Comunidad de Madrid*, 3/11/2021.

COTEC, «Evolución de la I+D» [Informe inédito], Fundación COTEC, 2021.

Del Valle, G., «Extranjera de mierda», *Diario 16*, 31/8/2018.

—, «"Modelo neoliberal y centralista": un perverso oxímoron», *El Viejo Topo*, (397) febrero de 2021.

EFE, «España sólo tiene un 2,5 % de vivienda social, frente al 9,3 % de Europa», *La Vanguardia*, 10/3/2022.

Estefanía, J., «Las cuestiones materiales», *El País*, 6/2/2022.

Garfella, C., «Stiglitz: "El euro fomentó la crisis y las desigualdades"», *El País*, 7/10/2016.

Grau, O., «La esperanza se encuentra en la secesión (Hope is found in secession)», HansHoppe.com, 22/4/2022.

Hobsbawm, E., «La izquierda y la política de la identidad», Institute of Education de Londres, *New Left Review*, 2/5/1996.

Lacalle, D., «El cupo vasco no es el problema, es la solución», *El Español*, *Invertia*, 25/11/2017.

Lamata, F., «El Sistema Nacional de Salud necesita una refundación», *El País*, 25/1/2023.

Lidón, I., «Ximo Puig rearma su discurso contra el centralismo de Madrid», *El Mundo*, 5/6/2022.

Mangas, A., «El arte de negociar con el Sáhara Occidental», *El Mundo*, 14/12/2020.

Martínez Ron, A., «Desigualdad en la "prueba del talón": milagro o pesadilla según el código postal», *elDiario.es*, 12/4/2023.

Martín Seco, J. F., «El BCE y la fragmentación de la Eurozona», *República*, 23/6/2022.

—, «Nacionalizar la banca», *Público*, 17/3/2009.

McMaken, R., «Por qué Rothbard quería una "descentralización radical"», Mises Institute, 21/2/2020.

Mejía, D., «Elizabeth Duval: "No se puede hacer política desde el rencor"», *The Objective*, 23/4/2023.

Missé, A., «El euro debe salvarse, pero no a cualquier precio», *elDiario.es*, 14/9/2016.

Ovejero, F., «España no es un problema», *Revista de Libros* 7/12/2020.

Plaza, A., «El cofundador de Glovo: "Tener tres trabajos a la vez empieza a ser una realidad"», *elDiario.es*, 26/1/2021.

Ponce de León, R., «Gabriel Zucman: "Sería legítimo que Catalunya legislara que si una persona se marcha a otra región le van a seguir cobrando impuestos durante unos años"», *elDiario.es*, 3/4/2021.

Ramírez, S., «La nueva edad de la fe», *El País*, 11/4/2023.

Rodríguez, C., «Del carlismo al separatismo catalán», *El Mundo*, 16/9/2017.

Rodríguez, R., «Gravar la riqueza», *El Viejo Topo*, 25/1/2023.

Roldán, T., «Macron, ¿el presidente de los ricos?», *El País*, 23/4/2022.

SÁEZ, E., y G. ZUCMAN, «Taxing the Superrich», *Boston Review*, 17/3/2020.

SALEH, W., «El islam político ha traído muchos males a los países de mayoría musulmana y Occidente les ha apoyado», *El Independiente*, 16/7/2022.

SÁNCHEZ-MOLINÍ, L., «La verdadera identidad de Europa es la sanidad pública, no Carlomagno», *Diario de Sevilla*, 22/1/2017.

SOKAL, A., «Preface to the French translation of Helen Pluckrose and James Lindsay, Cynical Theories», Department of Mathematics University College London & Department of Physics New York University, 11/5/2021.

UBIETO, G., «El 49 % de las horas extra no se pagan en España», *El Periódico de España*, 9/8/2022.

VELASCO, S., «La feminista saharaui que lucha contra el patriarcado islámico: "Supone un gran riesgo exigir mis derechos"», *Público*, 13/9/2020.

VIÑAS COLL, J., «El IRPF cumple 40 años: así ha evolucionado el impuesto que cambió España», *El País*, 9/4/2018.

VON MISES, L., y H. HERMAN-HOPPE, «Mises sobre la secesión», Mises Institute, 19/10/2012.

ZOUARI, F., «El feminismo sólo puede ser laico y universalista: no puede haber uno para "Oriente" y otro para "Occidente"», *Sin Permiso*, 21/9/2016.